La Morada de Dios

REVELACIÓN DE *Jesucristo*

José y Lidia Zapico

Vida

©2002 EDITORIAL VIDA
Miami, Florida 33166-4665

Diseño interior: Pixelium Inc.

Diseño de cubierta: Ark Productions

ISBN: 0-8297-3440-6

Categoría: Estudio Bíblico

Impreso en Estados Unidos de América
Printed in the United States of America

02 03 04 05 06 07 08 • 07 06 05 04 03 02 01

CONTENIDO

LOS NOMBRES DE DIOS
- Carácter y personalidad de Dios
- Nombres compuestos de la palabra YHVH
- ELOHIM
- EL Dios
- 'ELAHH
- Nombres del N.T. para el MESÍAS YESHUA

HAZME UNA MORADA
- Introducción al libro de Éxodo
- Instrucciones para la construcción
- Materiales, colores y piedras preciosas

LAS TRES PARTES DEL TABERNÁCULO
- La Puerta
- El Patio
- Los Pilares

4

I N D I C A C I O N E S
P R Á C T I C A S

✍ Frase importante para memorizar

📖 Cita Bíblica tomadas Revisión Reina Valera 1960.

✒ Escribir

☞ Nota importante

DEDICATORIA

Dedicamos este libro a todo aquel que teniendo hambre de la Palabra de Dios ama el escudriñar y profundizar sus tesoros escondidos.

A nuestra sobrina Laura Picarelli por su ayuda incondicional en este proyecto, que ha sido delineado para la gloria de nuestro Dios.

INTRODUCCIÓN

¡Dios aún se quiere revelar al hombre! Sí, y eso es maravilloso. Su nombre encierra su carácter vasto y variado como un gran arco iris que se desplaza sobre el firmamento. Todavía hay mucho que aprender de él, pues EL OLAM es eterno y dentro de su eternidad se esconde su poder como EL SHADAI, nombre revelado a Abram que significa el sustentador, el Todopoderoso. Descubrir su personalidad es conocer el secreto de su nombre admirado: YO SOY, el gran YHVH revelado a Moisés como el gran libertador.

Este libro encierra más que el descubrimiento de su carácter y personalidad, da una pincelada a través del PENTATEUCO destacando profundamente, con un lenguaje sencillo, el deseo ardiente del Dios ELOHIM de morar y habitar con el hombre. Este hecho nos revela cuánto amor tenía en su pecho para su pueblo escogido Israel y cuánto ama hoy a sus criaturas al querer estar cerca de ellas. No solo convivir con aquel que le corresponde a su amor, sino ser parte de esta gran amistad de convivencia que llega a convertirse en comunión.

Morada de Dios: Revelación de Jesucristo quiere que seamos conscientes de que Dios no está lejos del hombre, sino que siempre lo ha amado y desea hoy más que nunca tener un lugar en su corazón.

Recorrer los lugares santos del tabernáculo se convertirá para el lector en una experiencia inolvidable. Así como ver a Cristo en cada detalle y experimentar su obra perfecta y única diseñada en colores y muebles miles de años antes que él apareciera.

Estas enseñanzas reveladas, que como sombra de lo que había de venir, nos lleva a la manifestación del Gran Sumo Sacerdote según el orden de Melquisedec. Sus vestiduras muestran sus grandes significados y los cinco ministerios dados hoy a la Iglesia de Jesucristo para la edificación de la misma.

Qué bendición poder seguir de cerca, a través de los detalles mencionados, los diferentes pasos del sacerdote hasta llegar al Lugar Santo donde el humo del incienso nos invita adorar, iluminado por el candelabro, YESHÚA la luz del mundo.

Entrar al atrio es muy emocionante al encontramos con el sacrificio de la cruz. En el Lugar Santo contemplamos al que se hizo por nosotros el pan de vida que descendió del cielo. ¡Cuánto más emocionante será presenciar su gloria a medida que nos acercamos al Lugar Santísimo, donde reposaba su presencia en medio de los querubines en el arca del pacto! Al finalizar la lectura del mismo estaremos impresionados por la proyección profética de Cristo en las distintas fiestas.

Te animamos a seguir de cerca cada una de estas enseñanzas para descubrir personalmente cómo, *La Morada de Dios* se transformará para tu vida, en una genuina e impactante revelación de Jesucristo.

UNIDAD 1

LOS NOMBRES DE DIOS

USO DE LA LENGUA HEBREA

A. Introducción

Objetivo: Al estudiar y conocer el carácter y personalidad de Dios, logramos un conocimiento profundo de la relación del hombre con su Creador.

Cada día la sociedad está más carente de moralidad y principios para poder conducir una familia estable y crear un ambiente sin violencia y muerte. Esta carencia es el resultado del abismo que cada ser humano tiene del conocimiento de su Creador. Se debería aprender quién es realmente Dios para que hayan cambios radicales en el corazón del hombre. Eso se logra aprendiendo el propósito del hombre sobre la tierra; por qué fue creado y qué relación puede tener con su Creador.

La Biblia ha ido revelando, por grandes lapsos y hasta a veces de cientos de años, los diferentes nombres que describen la personalidad y carácter de Dios. Hoy tenemos la facilidad de encontrarlos juntos en un solo libro de apenas mil quinientos y algo de páginas (la Biblia).

Cuando se estudia su nombre y la variedad de componentes que llevan consigo, conocerá el hombre a Dios a profundidad y no vivirá bajo ignorancia, y este entenderá mejor quién es él.

La mayoría de los nombres mencionados en las páginas de las Escrituras revelan:

El carácter y la naturaleza del Dios creador.
Su personalidad, así como sus promesas para con el hombre.

Estas las vemos cumpliéndose en todos los que creen y confían incondicionalmente en él.

Descubramos la personalidad de Dios

La mayoría de las veces los nombres de Dios se describen compuestos. Estos suelen estar acompañados de nombres matrices como:

Sus nombres, dentro de la gran variedad de géneros, se han revelado y recopilado en la Biblia para que el hombre le conozca y tenga comunión con él.

Pero alégrense todos los que en ti confían … porque tú los defiendes; en ti se regocijen los que aman tu nombre.
Salmo 5:11

EL, ELOHIM: DIOS

Con frecuencia se combina con palabras que enfatizan diferentes atributos de Dios. Él, es el primer nombre revelado de Dios en el Génesis. La palabra ÉL, se traduce como: «Dios», «El que es Poderoso», «El que se compromete a sí mismo por medio de un voto».

YHVH: JEHOVÁ; AQUEL QUE ES EN SÍ MISMO; SEÑOR; SER.

Revela su propia esencia. Se relaciona con el Dios de la redención y del pacto que se revela al hombre para salvarle. YO SOY es la primera persona de YHVH. Él es «SER», «EL QUE EXISTE EN SÍ MISMO», palabra en hebreo que describe a Jehová El Señor.

ADON, ADONAI: DUEÑO; SEÑOR.

La palabra ADON significa «Señor». ADONAI, es una forma enfática de la palabra «Adon», que significa «amo» o «señor». También se refiere a señor o dueño como en el caso de Sara que llamaba a su esposo Adon (Génesis 18:12; 1 Pedro 3:6).

Dios es el Amo absoluto y siempre ha ejercido su autoridad. Él quiere que sus criaturas le obedezcan por amor y temor, no por obligación.

Cuando se refiere a Dios como Adonai «Dueño absoluto», se nombra en expresión reverente reconociendo su señorío sobre todo lo creado y sobre sus criaturas.

ELOHIM: EL QUE SE JURÓ FIDELIDAD A SÍ MISMO; FUERZA; PODER.

Génesis 1:1 *En el principio creó* **Dios** *los cielos y la tierra.*

ELOHIM es el primer nombre de Dios encontrado en el Tenach (Antiguo Testamento). Se encuentra por primera vez en Génesis 1:1 y es la tercera palabra de las escrituras hebreas.

En el principio «Elohim», «Dios» creó… **Elohim** es el nombre más comúnmente traducido como

---

EL

ELOHIM

YHVH

ADONAI.

Como Sara obedecía a Abraham, llamándole señor; de la cual vosotras habéis venido a ser hijas, si hacéis el bien, sin temer ninguna amenaza.
1 Pedro 3:6

Elohim

Se usa más de 2.300 veces en las Escrituras para referirse al Dios de Israel.

«Dios». **Elohim** proviene de una raíz que significa «fuerza, capacidad, poder».

Elohim, es poco común, puesto que es plural. Este nombre plural que se usa para el único Dios de Israel abre la puerta para la revelación de la naturaleza plural, aunque singular de Dios, que se revela más aun en el resto de las Escrituras.

Esto se ve en el versículo 27 del primer capítulo de Génesis, reflejado en la palabra «**hagamos**». *Dijo Dios: hagamos al hombre a nuestra imagen.* También en Génesis 3:22 vemos: «*He aquí el hombre es como uno de nosotros*».
Cuando Dios habla consigo mismo también usa el término de pluralidad en Génesis 11:7. «*Ahora pues, descendamos, y confundamos allí su lengua*». Tres pasajes maravillosos que nos revelan a Dios hablando consigo mismo.

Cuando Dios visita a Abram, lo hace en forma de tres personas. Abram le pide a su esposa Sara que amase pan y cocine un becerro y Abram les sirve comida. Abram reconoce a Dios como **ADONAI** y se postra adorándole, le sirve comida en señal de servicio.
Allí Dios le revela el plan que tiene para con él, y su futuro hijo Isaac como el «hijo de la promesa».

Después le apareció Jehová en el encinar de Mamre, estando él sentado a la puerta de su tienda en el calor del día. Y alzó sus ojos y miró, y he aquí tres varones que estaban junto a él; y cuando los vio, salió corriendo de la puerta de su tienda a recibirlos, y se postró en tierra.
Génesis 18:1-2

En Génesis 1:26 se hace énfasis en «la Deidad»; en el v. 27 se ve «en la unidad de la sustancia divina». La forma plural de la palabra indica más de uno, pero es uno para pensar y actuar.

Cuando leemos en Deuteronomio la connotación de Dios: «*Escucha Israel el SEÑOR (YHVH) Elohim (Dios), el SEÑOR (YHVH) es*

ELOHIM

implica
la idea de:
fidelidad,
unidad y
pluralidad

Nosotros del nombre de Jehová nuestro Dios tendremos memoria.
Salmo 20:7

Oye, Israel:
Jehová nuestro
Dios, Jehová
uno es.
Deuteronomio 6:4.

uno». Se está refiriendo a que solo EL SEÑOR es Dios, no hay otro Dios.

Su pluralidad no lo divide, lo une: «Él se juró a sí mismo fidelidad».

Elohim se puede combinar con otras palabras. Cuando ello ocurre, se enfatizan diferentes atributos de Dios. Más adelante lo veremos.

El que haya multiplicidad de nombres y significados en las diferentes aplicaciones de la palabra «Dios», no significa división de ideas, porque cada nombre está estrechamente conectado en sí mismo con significados que lo llevan a una perfecta unidad, revelando así toda su persona.

ADON, ADONAI: AMO; SEÑOR.

*Y dijo: Si ahora, **Señor; Adonai;** he hallado gracia en tus ojos, vaya ahora el **Señor; Adonai** en medio de nosotros.* Éxodo 34:9

Adonai es un término de respeto y reconocimiento para dirigirse a la persona de Dios. Cuando se invoca su nombre Adonai, se debe hacer reconociendo de corazón realmente su grandeza y poderío. La palabra Adonai, exalta su poder de amo y se le reconoce al invocarlo el señorío absoluto del Creador.

Porque Jehová vuestro Dios es Dios de dioses, y Señor de señores, Dios grande, poderoso y temible, que no hace acepción de personas, ni toma cohecho.
Deuteronomio 10:17

Entonces Moisés, apresurándose, bajó la cabeza hacia el suelo y adoró (v.8) Podemos observar en esta cita el estado de humillación y reverencia de Moisés.

«ADONAI» es el sustituto rabínico del Tetragrámaton1. Se puede traducir literalmente como «mis señores». Es una forma enfática de la palabra «Adon». Adonai se traduce usualmente como «Señor». Se usa aproximadamente cuatrocientas cincuenta veces. *«Vi a Adonai (el Señor) sentado en un trono, alto y levantado, y sus faldas llenaban el templo»*. Isaías 6:1
Adonai se usa junto a otros nombres de Dios.

Adonai HaAdonim: SEÑOR DE SEÑORES
Muchas veces se usa combinada con Jehová y

con Elohim. **Señor Dios, Señor Jehová.** En muchas traducciones de la Biblia se usa la palabra Señor traducido de la palabra Jehová.

Señor Jehová, tú has comenzado a mostrar a tu siervo tu grandeza, y tu mano poderosa; porque ¿qué dios hay en el cielo ni en la tierra que haga obras y proezas como las tuyas? Deuteronomio 3:24

*Y él respondió: **Señor Jehová**, ¿en qué conoceré que la he de heredar?* Génesis 15:8.

La palabra Adonai denota reverencia y reconocimiento que Dios es dueño absoluto de la situación. Abraham la usó en su diálogo personal con Dios, así como Moisés, Job y varios profetas.

JEHOVÁ: YHVH
SEÑOR: El que existe en sí mismo y se revela a sí mismo; SER.

El nombre de YHVH era objeto de gran respeto por parte de los creyentes israelitas. En Éxodo 20:7 Dios mismo prohibió pronunciar el nombre de Dios en vano.

No tomarás el nombre de Jehová tu Dios en vano; porque no dará por inocente Jehová al que tomare su nombre en vano.

Entre los principales pecados condenados en el Decálogo figura este, en no tomar el nombre de YHVH en vano. Llegó a extremos de prohibir el pronunciarlo, hasta el punto de que si un rabí lo pronunciaba por equivocación, podría pagar con su muerte. El pueblo judío dejó de pronunciar su nombre alrededor del tercer siglo d.C. por temor a violar el mandamiento: «*No tomarás el nombre de YHVH en vano*» Éxodo 20:7. Hasta se excluyó la lectura del mismo. De acuerdo con los rabinos, el tetragrámaton no se puede pronunciar bajo ninguna circunstancia. Por tal razón se colocaron vocales. También se cambió en «la Torá» el nombre de Jehová por la palabra Adonai.

Se usa aproximadamente 5.735 veces en las Sagradas Escrituras traducidas al castellano. El YHVH se menciona más que ningún otro nombre de Dios. Debemos saber que muchas veces la palabra YHVH se ha sustituido por la palabra Señor.

Y
H
V
H

JeHoVá

YHVH se refiere asimismo como el tetragrámaton, que significa «*Las cuatro letras*» porque viene de las cuatro letras hebreas:

Yud
Hey
Vav
Hey

SEÑOR (YHVH) revela su propia esencia.

Aunque algunos pronuncian YHVH como Jehová o Yaveh, no se conoce la pronunciación exacta. En la lengua castellana se han añadido las vocales e, o, a, para poder pronunciar mejor(J-e-H-o-V-á), aunque como hemos visto no es la debida pronunciación.

La revelación del nombre YHVH

Este nombre proviene del verbo hebreo que significa «ser». **YHVH** enfatiza el ser absoluto de Dios. Él es la fuente de todo ser, toda realidad y toda existencia. Él tiene el ser inherente a sí mismo. **YHVH** denota la absoluta trascendencia de Dios. Él está más allá de toda su creación. Él es sin principio ni fin. Porque Él siempre «**es**».

Jehová se relaciona con el Dios de la Redención y del Pacto que se revela al hombre para salvarlo. YO SOY la primera persona de YHVH. Él es en sí mismo, «SER», «EL QUE EXISTE EN SÍ MISMO».

En Génesis 2:4 se nombra por primera vez la palabra YHVH ELOHIM: *El día que Jehová Dios hizo la tierra y los cielos.* Este es en el primer texto que aparece la palabra compuesta Jehová Dios. Aunque se nombra en el libro del Génesis, Jehová como nombre compuesto, **la revelación de la esencia del significado del nombre** no lo da a conocer Dios, hasta la llegada de Moisés el libertador al monte Sinaí.

Dios hablándole a Moisés le dice: *Y aparecí a Abraham, a Isaac y a Jacob como* **Dios Omnipotente, mas en mi nombre JEHOVÁ** *no me di a conocer a ellos.* Éxodo 6:3

En este texto se hace una asombrosa declaración. Dios revela que los patriarcas Abraham, Isaac y Jacob no lo conocieron con la revelación de este nombre YHVH. Este nombre se le reveló a Moisés. Jehová es el nombre del pacto, de la libertad.

En su sentido primario el nombre Señor (YHVH) significa «**el que existe en sí mismo**» En Éxodo 3:14 «**Él es lo que él es**», por lo tanto, el eterno **YO SOY.**

En Éxodo 6 se revela a través de su nombre tres cosas importantes:

- los que creen pueden ser perdonados
- liberados de su esclavitud
- y pueden entrar a tener una relación intima con él.

*Yo soy JEHOVÁ; y yo os sacaré de debajo de las tareas pesadas de Egipto, y os libraré de su servidumbre, y os redimiré con brazo extendido, y con juicios grandes; y os tomaré por mi pueblo y seré vuestro Dios; y vosotros sabréis que **yo soy Jehová vuestro Dios,** que os sacó de debajo de las tareas pesadas de Egipto. Éxodo 6: 6-7*

En Éxodo 6:1-8 Dios repite cinco veces la expresión: «YO SOY EL SEÑOR».

En Éxodo 6 la revelación del nombre JHVH declara tres grandes cosas:

1. Nos saca de Egipto: v.1 *(el mundo y sus placeres).*

2. Nos libera de la esclavitud: v.7 *(nos saca del reino de tinieblas, nos redime).*

3. Nos da nueva herencia en el Espíritu *(nos da la herencia de hijos).*

Cuando YHVH se combina con otras palabras, se enfatizan los diferentes atributos del SEÑOR.

Nosotros tenemos tremendas promesas dada por la propia boca de Dios, cuando nos atrevemos a confiar y a clamar su nombre.

*Jehová respondió a Moisés: Ahora verás lo que yo haré a Faraón; porque con mano fuerte los dejará ir, y con mano fuerte los echará de su tierra. Habló todavía Dios a Moisés, y le dijo: **Yo soy JEHOVÁ.*** Éxodo 6:1-2

LECCIÓN DOS
Nombres compuestos de la palabra YHVH

Veamos diez Nombres de YHVH compuestos con otros nombres de la Deidad:

1. JEHOVÁ YIREH: EL SEÑOR PROVEERÁ

«En Israel es grande su nombre».
Salmo 76:1

Génesis 22:8: Y *Abraham respondió: Dios proveerá para sí el cordero para el holocausto.*

Jehová Yireh **es una manifestación de Dios en nuestra vida con el propósito de que lo conozcamos como el dueño y proveedor de todas las cosas.** Cuando nos referimos al nombre compuesto de **YHVH YIREH** nos referimos a **YHVH** como: **el que existe en sí mismo, el dueño y Señor y gran libertador que proveerá tus necesidades.** Esto es maravilloso.

Dios es proveedor de bendiciones y abundancia para toda la humanidad. Ha provisto de semilla en abundancia en cada fruto. Dios no es Dios de escasez. Es un Dios de vida y vida en abundancia.

Dios probó la obediencia de Abraham cuando le pidió que entregara a su hijo Isaac para el sacrificio. Abraham obedeció a Dios a pesar de su temor humano y natural. Su fe le hizo creer incondicionalmente, sabía que Dios era poderoso. Tenía convicción que no regresaría solo, su Dios el Todopoderoso sería capaz de devolvérselo si fuera necesario, resucitado de entre los muertos.

*Y respondió Abraham: **Dios se proveerá** de cordero para el holocausto, hijo mío. E iban juntos.*
*Y llamó Abraham el nombre de aquel lugar, **Jehová proveerá**. Por tanto se dice hoy: En el monte de Jehová será provisto.* Génesis 22:14

Muchas veces el Señor nos pide que le entreguemos lo que amamos para ver si somos obedientes, para que aprendamos a confiar en él. El nombre YIREH nos enseña a conocer al Señor Dios como nuestro proveedor.

*Y el que da semilla al que siembra, y pan al que come, **proveerá y multiplicará** vuestra sementera, y aumentará los frutos de vuestra justicia, para que estéis* enriquecidos en todo para toda liberalidad, la cual produce por medio de nosotros acción de gracias a Dios. 2 Corintios 9: 10-11

El nombre maravilloso YIREH nos recuerda el amor de Dios por la raza humana, sus criaturas. Nos recuerda al Cordero que nos compró con su sangre preciosa y su bondad hacia el pecador.

2. JEHOVÁ RAFAH: JEHOVÁ TU SANADOR

Éxodo 15:26: *Si oyeres atentamente la voz de Jehová tu Dios, e hicieres lo recto delante de sus ojos, y dieres oído a sus mandamientos, y guardares todos sus estatutos, ninguna enfermedad de las que envié a los egipcios te enviaré a ti; porque **yo soy Jehová tu sanador.***

RAFAH es la manifestación de Dios en nuestra vida para que seamos sanados tanto física como espiritualmente.

El nombre RAFAH es uno de los atributos divinos de compasión hacia el hombre. **Yo soy el Señor tu sanador.**
Antes de morir en la cruz y antes de formar su cuerpo en una llaga, dijo: Soy tu sanador. Él es sanador divino antes del Gólgota. Es, fue y será. Este nombre maravilloso se manifiesta cuando sus hijos le creen y reciben un milagro, sanando sus dolencias.

Cuando el pueblo de Israel andaba por el desierto Dios lo probó. Dice la palabra que llegaron a un lugar llamado Mara, mas no pudieron beber el agua porque estaba amarga. Debido a eso, al calor y al cansancio, el pueblo comenzó a murmurar en contra de Moisés. Entonces Moisés clamó al Señor y arrojó un árbol en el agua y al instante se convirtió en agua dulce.

Siempre, en algún momento de la vida, Dios nos prueba permitiendo que pasemos por desiertos espirituales, que son las pruebas por las que

YIREH nos muestra que antes de la fundación del mundo Dios proveyó «la misericordia» para el hombre. Cristo es la ofrenda agradable que habla mejor que la de Abel.

He aquí yo les traeré sanidad y medicina y los curaré y les revelaré abundancia de paz y de verdad.
Jeremías 33:6

RAFAH es el gran médico divino y la fuente de toda sanidad espiritual, física, emocional y mental. Si necesitas alguna de estas sanidades, él es el primero a quien debes recurrir.

✍

Moisés puso de
su parte y subió
al monte.
Tenemos que orar
y buscar de su
presencia para
recibir las
victorias
espirituales.

📖

Y Moisés edificó un
altar, y llamó
su nombre
Jehová-Nissi
Éxodo 17:15

Esta es una
forma de
entender el
reposo en Dios
(confianza
absoluta) en
medio de la
batalla espiritual.
Jehová peleará
por vosotros, y
vosotros estaréis
tranquilos.
Éxodo 14:14

☞

tenemos que pasar con el fin de perfeccionar nuestras almas. Esto nos muestra que en medio de la enfermedad y la prueba amarga, Cristo es el único que puede cambiar la situación y sanar cambiando la amargura en dulzura de Dios.

3. JEHOVÁ NISSI: EL SEÑOR ES MI BANDERA (ESTANDARTE). ¡El SEÑOR ES MI VICTORIA!

Un altar y a llamarlo por nombre el Señor es mi estandarte. Éxodo 17:1

Cuando el pueblo de Israel salió de Egipto, le salieron al encuentro sus enemigos, los amalecitas. Moisés toma en su mano la vara y sube a la cumbre del monte y le da instrucciones a Josué de cómo pelear. Mientras Moisés mantenía su brazo en alto, Dios le concedía la victoria.

Él es nuestra bandera o estandarte. En medio de las batallas de la vida el Espíritu de Dios levanta bandera sobre nosotros. Siempre está a favor de los que ponen en alto su nombre, como Moisés, que levantó sus brazos al cielo como símbolo de que solo del Dios de lo alto depende siempre la victoria. Si confiamos que de él proviene toda genuina intervención de victoria, seremos siempre vencedores.

Sabemos que nuestra lucha no es contra carne ni sangre sino contra potestades de las tinieblas (Efesios 16:12). El Señor irá adelante de nosotros abriéndonos el camino en medio de la batalla para salir victoriosos ... *y pelearán contra ti, pero no te vencerán, porque yo estoy contigo, dice Jehová, para librarte.* Jeremías 1:19

Y temerán desde el occidente el nombre de Jehová, y desde el nacimiento del sol su gloria; porque vendrá el enemigo como río, mas el Espíritu de Jehová levantará bandera contra él. Isaías 59:19

«Me llevó a la casa del banquete, su bandera sobre mí es amor».

*En el lugar donde oyereis el sonido de la trompeta, reuníos allí con nosotros; **nuestro Dios peleará por nosotros**.* Nehemías 4:20

*Y cada golpe de la vara justiciera que asiente Jehová sobre él, será con panderos y con arpas; y en batalla tumultuosa **peleará contra ellos**.* Isaías 30:32

4. JEHOVA MIKKADESH: EL SEÑOR QUE SANTIFICA

*Santificaos, pues, y sed santos, porque yo Jehová soy vuestro Dios. Y guardad mis estatutos, y ponedlos por obra. Yo **Jehová que os santifico**.* Levítico 20: 7-8

*Y sabrán las naciones que yo **Jehová santifico** a Israel, estando mi santuario en medio de ellos para siempre.* Ezequiel 37:28.

*Y sabrán las naciones que yo soy **Jehová**, dice **Jehová el Señor**, cuando sea **santificado en vosotros** delante de sus ojos. Y yo os tomaré de las naciones, y os recogeré de todas las tierras, y os traeré a vuestro país.*

YHVH Mikkadesh: «El que santifica». La promesa de Dios fue fuerte para Israel: los paganos y todas las naciones gentiles conocerían que «**el que existe en sí mismo, el YO SOY, el amo absoluto y dueño de la creación**" es el que santifica a su pueblo Israel.

La iglesia es el Israel espiritual

Para la iglesia también «Él es mi santificación». Se debe dejar que Dios obre profundamente en nosotros y pedirle *que santifique nuestro ser por completo, espíritu, alma y cuerpo.*

Si nos separamos del mundo para honrar a Dios, él se santificará en su iglesia más y más. Él es santo, único, especial. La santidad viene al separarse del pecado y acercarse a YHVH Mikkadesh. Mientras más nos acercamos más santos somos. Esta faceta

Y les di también mis días de reposo, para que fuesen por señal entre mí y ellos, para que supiesen que yo soy Jehová que los santifico.

Ezequiel 20:12

*Seguid la paz con todos, y la **santidad**, sin la cual nadie verá al Señor.*

Hebreos 12:14.

Dios sigue siendo para Israel el Dios todopoderoso que los santifica. Aunque ahora no se percibe, a su tiempo se verá visiblemente glorificado en su pueblo.

de la manifestación de Dios en nosotros se hace realidad cuando buscamos la santidad con el propósito de apartarnos para Dios. Por lo cual, se exhorta a alabar al Señor en la hermosura de la santidad, porque sin santidad nadie verá al Señor, el Dios Mikkadesh.

*Por lo tanto, amados, teniendo estas promesas, limpiémonos de toda inmundicia de la carne y del espíritu, **perfeccionando la santidad** en el temor de Dios.* 2 Corintios 7:1

5. JEHOVÁ TSIDKENOU: El SEÑOR NUESTRA JUSTICIA

*En aquellos días Judá será salvo, y Jerusalén habitará segura, y se le llamará: **Jehová, justicia nuestra.** Porque así ha dicho Jehová: No faltará a David varón que se siente sobre el trono de la casa de Israel.* Jeremías 33:16

El Señor YHVH manifestó la promesa de su justicia a Israel al mandar, a su sucesor de la estirpe de David. Jesús el Mesías, representa la justicia de Dios enviada para manifestarla a los que creyeran en él. No por la justicia humana el hombre es salvo. Él proveyó su perfecta justicia, su hijo amado Jesucristo. *He aquí que vienen días, dice Jehová, en que levantaré a David renuevo justo, y reinará como Rey, el cual será dichoso, y hará juicio y justicia en la tierra. En sus días será salvo Judá, e Israel habitará confiado; y este será su nombre con el cual le llamarán: **Jehová, justicia nuestra.*** Jeremías 23:5-6

Tenemos que estar agradecidos a Dios porque no solo Dios fue justicia para su pueblo Israel, sino que proveyó justicia para los que en él esperan y conocen su nombre.

*Y ser hallado en él, no teniendo **mi propia justicia**, que es por la ley, sino la que es por la fe de Cristo, **la justicia que es de Dios** por la fe.* Filipenses 3:9

Dios es perfectamente justo y recto en todo lo que dice y hace. Cuando entramos en una relación per-

*Por tanto, Jehová esperará para tener piedad de vosotros, y por tanto, será exaltado teniendo de vosotros misericordia; porque **Jehová es Dios justo**; bienaventurados todos los que confían en él.*
Isaías 30:18

*Al que no conoció pecado, por nosotros lo hizo pecado, para que nosotros fuésemos hechos **justicia de Dios en él.***
2 Corintios 1:21

sonal de fe con el enviado Jesucristo, esto nos hace rectos. La salvación eterna no proviene de guardar mandamientos solamente o hacer buenas obras, sino de tener una relación buena con Adonai Tsidkenou, es de ser declarados justos por él (por su sangre somos justificados).

*Que habéis alcanzado, **por la justicia de nuestro Dios y Salvador Jesucristo**, una fe igualmente preciosa que la nuestra:* 1 Pedro 1:1

6. JEHOVÁ ROHI: JEHOVÁ MI PASTOR

El Señor es mi pastor nada me faltará. Salmo 23

Es maravilloso que el Señor sea nuestro pastor. Es más que estar provistos de alimentos y ropa. El pastor **cuida, guía,** así como provee las necesidades tanto físicas como espirituales.

Como pastor apacentará su rebaño; en su brazo llevará los corderos, y en su seno los llevará; pastoreará suavemente a las recién paridas.
Isaías 40:11

La oveja por naturaleza es torpe y se desorienta fácil, es más, sola no se orienta. La inteligencia del pastor es y será siempre superior a la de sus ovejas, por eso la oveja necesita la buena dirección del buen pastor. Él es el que las guía y las lleva por el buen camino.

Hay bienaventuranza en reconocer y ser dócil, en buscar esa dirección en cada situación de la vida.

Jesucristo se declaró el buen pastor que entra por la puerta del redil de las ovejas.

Yo soy el buen pastor; y conozco mis ovejas, y las mías me conocen, así como el Padre me conoce, y yo conozco al Padre; y pongo mi vida por las ovejas. Juan 10: 14-15

Acordaos de vuestros pastores, que os hablaron la palabra de Dios; considerad cuál haya sido el resultado de su conducta, e imitad su fe.
Hebreos 13:7

Ellas escuchan su voz y le siguen. No escuchan la voz del extraño. Esta cualidad es hermosa y eso nos enseña que el Espíritu Santo de Dios es fiel en hacernos sensibles a la voz de Dios.

Yo soy el buen pastor; el buen pastor su vida da por las ovejas. Juan 10:11. *Nadie tiene mayor amor que ponga su vida por las ovejas,* el buen pastor cuida y provee el sustento para sus ovejas, y él es el gran pastor porque ha dado su vida por sus ovejas.

*A nuestro Señor Jesucristo, **el gran pastor de las ovejas,** por la sangre del pacto eterno.* Hebreos 13: 20

El apóstol Pedro en su epístola proclama a Jesucristo como el Príncipe de los pastores.

Y cuando aparezca el Principe de los pastores, vosotros recibiréis la corona incorruptible de gloria. 1 Pedro 5:4

7. JEHOVÁ-SHAMA: EL SEÑOR ESTÁ PRESENTE.

El nombre de la ciudad desde aquel día será Jehová-sama. Ezequiel 48:35
Dios prometió estar en medio de la gran ciudad del rey David.

Del río sus corrientes alegran la ciudad de Dios, el santuario de las moradas del Altísimo. Dios está en medio de ella; no será conmovida. Dios la ayudará al clarear la mañana. Salmo 46: 4-5

Regocíjate y canta, oh moradora de Sion; porque grande es en medio de ti el Santo de Israel. Isaías 12:6

Dios ha prometido estar en medio de los que se reúnen en su nombre.

Porque donde están dos o tres congregados en mi nombre, allí estoy yo en medio de ellos. Mateo 18:20

8. JEHOVÁ SHALOM: El SEÑOR ES LA PAZ

*Y edificó allí Gedeón altar a Jehová, y lo llamó **Jehová-salom**; el cual permanece hasta hoy.* Jueces 6:24

La palabra paz se encuentra más de trescientos cincuenta veces en la Biblia. «Shalom» significa totalidad, paz.
El Señor es completo en y por sí mismo. Adonai no necesita.

Cuando Melquisedec se encontró con Abram, su título era rey de Salem. Ciudad de paz, rey de paz. El Salmo 125:5 dice paz sea sobre Israel.

Desde el principio Jerusalén se constituyó para el «Rey». Se escogió para ser: «La ciudad del Rey». *Yo soy muro, y mis pechos como torres, desde que fui en sus ojos como la que halla paz.* Cantares 8:10. No la escogió en vano, sino para alabanza de su nombre, y su nombre es nombre de paz.

El Dios de paz os santifique por completo. Dios es paz para Israel y para su iglesia, y nos dio la promesa de que los que aman su palabra vivirán bajo su paz.

Mucha paz tienen los que aman tu ley, y no hay para ellos tropiezo. Salmo 119:165

Su reino se caracteriza por tres cosas:
- Justicia
- Paz
- Gozo en el Espíritu

Tenemos el derecho legal de apropiarnos de estas tres virtudes que nos pertenecen. Jesús les deja su paz a sus discípulos. *La paz os dejo, mi paz os doy.* Juan 14:27. En medio de un mundo convulsionado en donde muchos se suicidan por no tener salida a sus problemas, él promete bendecir a su pueblo con la paz. *Jehová bendecirá a su pueblo con paz.* Salmo 29:11

Esta herencia de paz se le dio a Israel y a su santa ciudad, Jerusalén, y nosotros la recibimos como parte del pueblo escogido de Dios. Pronto Jesús vendrá a establecer un reino de paz sobre la tierra.

En medio del gran conflicto en Medio Oriente, Dios no se olvidó de las promesas que dio en el pasado. *Porque así dice Jehová: He aquí que yo extiendo sobre ella paz como un río, y la gloria de las naciones como torrente que se desborda; y mamaréis, y en los brazos seréis traídos, y sobre las rodillas seréis mimados. Como aquel a quien consuela su madre, así os consolaré yo a vosotros, y en Jerusalén tomaréis consuelo.* Isaias 66: 12-14

El Dios de paz aplastará en breve a Satanás bajo vuestros pies.
Romanos 16:20

El saludo del pueblo de Israel es ¡Shalom ALEJEM! que traducido es:

«La paz sea sobre ti».
En ti y para ti.

Paz sea sobre Israel.
Salmo 128:6

¡Oh Jehová, Señor nuestro, cuán grande es tu nombre en toda la tierra!
Salmo 8:9

☞

«El SEÑOR YHVH DUEÑO DE LA CASA DEL EJÉRCITO ORGANIZADO. DUEÑO DEL EJÉRCITO ANGELICAL. DUEÑO DEL EJÉRCITO DEL SOL, LA LUNA Y LAS ESTRELLAS. DUEÑO DE LA GUERRA Y BATALLA. EL ELOHIM. EL VERDADERO DIOS DEL EJÉRCITO Y FILAS DE ISRAEL».

En el Salmo 122, se nos exhorta a orar y por la paz de Jerusalén: «*Pedid por la paz de Jerusalén; sean prosperados los que te aman. Sea la paz dentro de tus muros, y el descanso dentro de tus palacios.*
Por amor de mis hermanos y mis compañeros diré yo: La paz sea contigo».

9. JEHOVÁ ELOHIM: SEÑOR DIOS

Estos son los orígenes de los cielos y de la tierra cuando fueron creados, el día que **Jehová Dios** *hizo la tierra y los cielos.* Génesis 2:4

Esta es una poderosa revelación de Dios como el fuerte, quien es la totalidad del ser, realidad y existencia. Él es el Todopoderoso que tiene todo el poder y recursos para satisfacer todas las necesidades del hombre.

¿No eres tú desde el principio, oh Jehová (YHVH) Dios (ELOHIM) mío, Santo (QADOSH) mío? No moriremos. Habacuc 1:12

El profeta usa tres nombres gloriosos con reverencia en su clamor, la composición Jehová Dios Santo.
El reconocimiento en nuestras oraciones de la grandeza y poder de su nombre es bien importante. Esta exclamación activa nuestra mente y eleva nuestra fe hacia su poderosa persona. JHVH ELOHIM nos eleva a reconocer que el Señor es nuestro Dios.

10. JEHOVÁ DE SEBAOT (TZ'VAOT): El SEÑOR DE LOS EJÉRCITOS.

¿Quién es este Rey de gloria? **Jehová de los ejércitos,** *el es el Rey de la gloria.* Salmo 24:10

EL SEÑOR DE LOS EJÉRCITOS es el ser más poderoso y el más grande NOMBRE DE GUERRA. YHVH de los ejércitos significa **el dueño y poderoso Dios de la guerra espiritual,** el más poderoso guerrero en el universo.
YHVH es el general de su ejércitos en el cielo y en la tierra. Él es el supremo comandante en jefe.

Entonces dijo David al filisteo: Tú vienes a mí con espada y lanza y jabalina; mas yo vengo a ti en el nombre de Jehová de los ejércitos, el Dios de los escuadrones de Israel, a quien tú has provocado.
1 Samuel 17:45

En toda batalla física se mueve una batalla espiritual; David confrontó al gigante Goliat que era el hombre fuerte de los filisteos en el mundo espiritual, con el más poderoso nombre.
¿Quién podría resistirse al general del más poderoso ejercito celestial? Goliat vino con tres armas físicas, David vino con el más poderoso ejército que se mueve en todo el Universo, el nombre poderoso de **YHVH DE LOS EJÉRCITOS.**

SEBAOT significa simplemente «huestes» pero se refiere especialmente a batallas o servicio. Estas dos ideas van juntas en el uso corriente del título YHVH (Señor, servicio) DE SEBAOT (ejércitos, batalla). Por lo tanto es el nombre de YHVH en su manifestación de **poder.**

Y David iba adelantando y creciendo, y Jehová de los ejércitos estaba con él.
1 Crónicas 11:9.

LECCIÓN TRES
ELOHIM
El que se juró fidelidad a sí mismo: fuerza; poder.

«Dios» es la traducción más común de «Elohim». Esta palabra proviene de una raíz que significa «fuerza, capacidad, poder».

Nombres compuestos con la palabra Elohim

Elohim Elohim: DIOS de dioses
Porque Jehová vuestro Dios es Dios de dioses, y Señor de señores, Dios grande, poderoso y temible, que no hace acepción de personas, ni toma cohecho. Deuteronomio 10:17.

Hay otros llamados «dioses», pero él es el fuerte, el más poderoso de todos. Aun ellos lo reconocen como el más poderoso.

Elohim Chaiyim: Dios viviente

Mas Jehová es el Dios verdadero; él es Dios vivo y Rey eterno; a su ira tiembla la tierra, y las naciones no pueden sufrir su indignación. Jeremías 10:10

El fuerte está vivo y es el dador de vida. Él ha creado la vida y todo lo que vive. Él quiere dar vida eterna y abundante.

LECCIÓN CUATRO
EL DIOS

Nombres compuestos que denotan los atributos de Dios
EL SHADDAI: EL DIOS OMNIPOTENTE. El TODOPODEROSO. Dios el Todosuficiente.

*Y aparecí a Abraham, a Isaac y a Jacob como **Dios Omnipotente**, mas en mi nombre JEHOVÁ no me di a conocer a ellos.* Éxodo 6:3

Él en arameo significa Dios, «el que es fuerte o poderoso». Él, solamente ya da idea de Omnipotencia. «El todosuficiente».

Shad: Significa «pecho» en hebreo. Como una madre que amamanta, Dios sostiene y satisface completamente a su pueblo y tiene cuidado de todas sus necesidades.

En Génesis 17 Dios se revela nuevamente a Abram para mostrársele ahora como El Shadai, «el que fructifica», el que tiene «todo poder», para hacer alianza con él y darle a entender que aun puede hacer un milagro en su cuerpo y en su anciana esposa.

Dios se muestra al patriarca Abram cuando físicamente ya está casi sin fuerza viril, agotado, «casi muerto» con noventa y nueve años. Y también da fruto y vida al vientre de Sara, que ya no podía concebir.

Al tener Abram la revelación de «El Shadai», las cosas cambiaron en su vida. Ahora caminaría

---

📖

Era Abram de edad de noventa y nueve años, cuando le apareció Jehová y le dijo: Yo soy el Dios Todopoderoso; anda delante de mí y se perfecto.

Génesis 17:1

☞

Este es el Dios que todo lo puede, el Dios de los imposibles para el hombre. Cuando el hombre está casi terminado (a causa de su problema), es ahí donde él comienza hacer la obra. Cuando alguien recibe la revelación del Shadai su vida cambia.

por fe, andaría delante de Dios dependiendo de las fuerzas «del Todopoderoso» no de las de él. No por su esfuerzo ni por su obra sino por las de «El Shadai».

Dios se revelaría en su propio cuerpo (ya viejo), la «energía que daría vida a su sementera». Abram solo tenía que creer, «El Shadai» haría el resto.

Hay dos grandes bendiciones escondidas en este nombre maravilloso:

• **Bendiciones espirituales.** Bendiciones de lo alto.
• **Bendiciones materiales.** Bendiciones de lo profundo de la tierra.

Y el Dios omnipotente te bendiga, y te haga fructificar y te multiplique, hasta llegar a ser multitud de pueblos. Génesis 28:3

La bendición para los patriarcas Abraham, Isaac y Jacob fue una bendición total del Dios Todopoderoso. Bendición de extensión física genealógica y en lo material, en riquezas y abundancia de bienes. Su nombre SHADDAI les traía multiplicación física en expansión de hijos y bien bendecidos.

LA BENDICIONES DEL SHADDAY PROFETIZADAS A JOSE

Mas su arco se mantuvo poderoso, Y los brazos de sus manos se fortalecieron **Por las manos del Fuerte de Jacob (Por el nombre del Pastor, la Roca de Israel)**, Por el Dios de tu padre, el cual te ayudará, Por el **Dios Omnipotente**, el cual te **bendecirá** Con bendiciones **de los cielos** de arriba, Con bendiciones **del abismo que está** abajo, Con bendiciones de los **pechos y del vientre.** Las bendiciones de tu padre Fueron **mayores** que las bendiciones de mis **progenitores**; Hasta el término de los **collados eternos** Serán sobre la cabeza de José, Y sobre la frente del que fue **apartado** de entre sus hermanos. Génesis 49: 24-26.

Las cualidades del Todopoderoso es dar bendiciones extremadamente buenas, apretadas y rebosantes. «Yo soy el Shadai»... yo te multiplicaré en gran manera».

El que come de este pan, vivirá eternamente.
Juan 6:58

Mientras su adversario «la serpiente» fue condenada a comer polvo (que es el pecado o la «carne» en donde nos movemos), Jesús, la simiente de mujer nos da a comer su propia carne sin pecado; hecha vivificante, que nos da vida y nos hace libres del pecado.

Varias y abundantes bendiciones: Bendiciones del cielo (lluvia en su estación), en el tiempo exacto para la siembra y cosecha, Para recibir 100% de los frutos. Bendiciones del cielo de Dios donde esta su trono. Estas son **las bendiciones espirituales** del cielo arriba, a las cuáles debemos buscar en primer lugar y darles preferencia. Luego se añaden las otras. *"La bendición de YHVH es la que enriquece, y no añade tristeza alguna".*

Las bendiciones de debajo de la profundidad de la tierra, de las profundidades de la tierra se refieren a las minas donde se encuentran en lo profundo de la tierra, carbón, oro, diamantes y varios. (Literalmente de las bendiciones que están recostadas en lo profundo, que yace en el fondo del mar). La riqueza del petróleo.

Las bendiciones de la matriz y de los pechos se dan cuando los niños nacen con seguridad y se cuidan confortablemente. En la palabra de Dios, por encima de la cual nacemos otra vez, y somos alimentados allí está a las nuevas bendiciones del hombre de la matriz y de los pechos.1 Pedro. 1:23. *...desead, como niños recién nacidos, la leche espiritual no adulterada, para que por ella crezcáis para salvación,* 1 Pedro 2:2.
El Shadai es el pecho que nutre y de la matriz proviene la vida fructífera.

Bendiciones eminentes y transcendentes, que prevalecen sobre las bendiciones de mis progenitores, v. 26. Su padre Isaac tenía que pasar la bendición a sus dos hijos. A la vez Jacob tenía una bendición para cada uno de sus doce hijos. José recibió bendiciones que eran más copiosas que sus progenitores. Abraham fue un hombre rico pero José, fue el primer ministro del país mas prospero de su tiempo.

Bendiciones durables y extensas: A los límites extremos de las colinas eternas, incluyendo todas las producciones de las colinas más fructuosas. *Porque los montes se moverán, y los collados temblarán, pero no se apartará de ti mi misericordia, ni el pacto de mi paz se*

quebrantará, dijo Jehová, el que tiene misericordia de ti.
Isa. 54:10. Las bendiciones del Dios eterno incluye
las riquezas de las colinas eternas, y mucho más.
José representaba a Jesús despreciado entre sus hermanos, el Nazareno separado para Dios coronado
de bendiciones más allá de las terrenales. La Iglesia
tiene similares promesas de vida eterna y ser co-
heredero con Cristo.

Por el Dios de tu padre, el cual te ayudará, por el Dios
Omnipotente, el cual te bendecirá con bendiciones de
los cielos de arriba, con bendiciones del abismo que
está abajo, con bendiciones de los pechos y del vientre.
Génesis 49.25

También, Dios es Shadai porque **él es el Dios**
que sostiene y da poder, y «el que satisface».
Este nombre presenta a Dios como el:
• **Sustentador**
• **Fortalecedor**

En el Nuevo Testamento Jesús mismo se compara con aquello que sustenta y da virtud al
cuerpo humano: **Yo Soy el pan de vida.** En él
está el poder de sustentación.
Jesús tiene vida dentro de la vida de Dios Padre.
Por eso exhorta a comer de su carne. Alimentarse de la vida de Dios. El que fue y es la acción, el
verbo *(logo)* de Dios hecho carne, es la Palabra
viviente. Si comemos (en figura espiritual) el
rollo o la palabra viviente que representa su
carne, viviremos eternamente.
El gran «Shaddai» no solo nos da la vida en su
carne, sino que nos hace fructíferos, nos da la
vida en abundancia. También él es el que nos da
la capacidad de llevar fruto y este en abundancia.

El 'Aman: El Dios fiel

Conoce, pues, que Jehová tu Dios es Dios, Dios
fiel, que guarda el pacto y la misericordia a los que le
aman y guardan sus mandamientos, hasta mil gene-
raciones. Deuteronomio 7:9

¡Amén!
Y diga todo el
pueblo: Amén.
Salmo 106:48

• Met: verdadero
• Münah: fidelidad

Todo lo que el Todopoderoso dice y hace es totalmente confiable. Dios es un Dios en el cual se puede confiar.

Orarán por Jehová; porque fiel es el Santo de Israel, el cual te escogió. Isaías 49:7

'**Aman** viene de estar seguro, ser duradero, cierto, fiel, lleno de fe, «se puede confiar en él», apoyo, «sustento». De este verbo se derivan tres términos:

• *Amen* - exclamación. Ejemplo: ...*y diga todo el pueblo,* **Amén**. Salmo. 106:48.
• *met* - verdadero
• *münah* - fidelidad

El HaGadol: EL gran Dios; poderoso y temible.

Porque Jehová vuestro Dios es Dios de dioses, y Señor de señores, Dios grande, poderoso y temible, que no hace acepción de personas, ni toma cohecho; que hace justicia al huérfano y a la viuda; que ama también al extranjero dándole pan y vestido. Deuteronomio 10:17

En este texto se nombra seis veces a Dios. Una vez a YHVH, tres a la expresión ELOHIM y dos veces a la palabra ADON. Además cuenta con tres atributos:

• *Grande:* (heb. *Gado*); **alto, elevado, ruidoso, mayor.**
• *Poderoso:* (heb. *Gibbor*); **fuerte, valiente, gigante, campeón.**
• *Temible:* (*Yare*); **miedo, reverencia, temor**

Él es grande en muchas maneras. En su naturaleza, atributos, obras y en su grandeza. Estos tres atributos representan el poder y en la grandeza de Dios.

El HAKADOSH (qadösh): EL Dios Santo

Pero Jehová (YHVH) de los ejércitos será exaltado en juicio, y el Dios «El Santo» (qados) será santificado (qadash) con justicia. Isaías 5:16

La Palabra «Santo» tienen dos formas originales de la raíz y distinto significado:

Para vosotros, pues, los que creéis, él es precioso; pero para los que no creen, la piedra que los edificadores desecharon, ha venido a ser la cabeza del ángul.

1 Pedro 2:7

Sobre el fundamento de la declaración de Pedro: «Tú eres el Mesías el Hijo de Dios» ha sido fundada la Iglesia.

1. Puro; consagrado
2. Santidad

Dios en su naturaleza es Santo. Los ángeles serafines proclaman su santidad: *Santo, Santo, Santo toda la tierra está llena de su gloria.* Él habita en su santo monte.

El Antiguo Testamento enseña clara y enfáticamente que Dios es:

a) Santo moralmente: *Porque yo soy Jehová vuestro Dios; vosotros por tanto os santificaréis, y seréis santos, porque* **yo soy santo;**

b) Santo en poder: *Y dijeron: … ¿Quién podrá estar delante de Jehová el Dios santo?*

• **Él es el «Santo de Israel»:** *Regocíjate y canta, oh moradora de Sión; porque grande es en medio de ti el* **Santo de Israel.** Isaías 12:6
• **Es «Dios santo»:** *¿A qué, pues, me haréis semejante o me compararéis? dice el Santo.* Isaías 40.25
• **El «nombre de Dios» es santo** por eso dice: *Y todos bendigan* **su santo nombre** *eternamente y para siempre.* Salmo 145:21. El salmista manda a los fieles a gloriarse en su santo nombre. *«Y Bendiga todo mi ser su* **santo nombre».**
• **Su nombre será santificado más aún con justicia:** *Pero Jehová de los ejércitos será exaltado en juicio, y el* **Dios Santo será santificado** *con justicia.* Isaías 5:16
• **«Él es santísimo» y nadie es tan «santo» como él:** *No hay santo como Jehová; porque no hay ninguno fuera de ti.* 1 Samuel 2:2

El Yisrael: El Dios de Israel

Temible eres, oh Dios, desde tus santuarios; el Dios de Israel, él da fuerza y vigor a su pueblo. Bendito sea Dios. Salmo 68:35
El Todopoderoso escogió a Israel como porción suya para siempre, *y no dormirá ni se adormecerá el que guarda a Israel.*

El que hizo el oído, ¿no oirá? El que formó el ojo, ¿no verá? El que castiga a las naciones, ¿no reprenderá? ¿No sabrá el que enseña al hombre la ciencia? Jehová conoce los pensamientos de los hombres, Que son vanidad.
Salmo 94:9-11

El HaShamayim: EL DIOS DE LOS CIELOS.

Alabad al Dios de los cielos, porque para siempre es su misericordia. Salmo 136:26

El fuerte creó los cielos. Su trono está en las alturas en los cielos y él reina sobre las huestes celestiales. La escritura nombra tres cielos. Dios es tan grande en poder que puede habitar en los tres. *He aquí, los cielos y los cielos de los cielos no te pueden contener.*

EL SALI: DIOS DE MI ROCA

Diré a Dios: **Roca mía**, *¿por qué te has olvidado de mí? ¿Por qué andaré yo enlutado por la opresión del enemigo?* Salmo 42:9

Señor, tú nos has sido refugio De generación en generación. Antes que naciesen los montes Y formases la tierra y el mundo Salmo 90:1-2

El Todopoderoso es mi defensor, mi refugio, mi castillo, mi alto refugio y mi salvación. Mi protección de todo ataque del enemigo.

A Cristo se le compara con la roca eterna que fue herida por nosotros. Como sombra de aquella roca que Moisés golpeó en el desierto y salió agua para saciar la sed del pueblo sediento en el desierto ... y *todos bebieron la misma bebida espiritual; porque bebían de la roca espiritual que los seguía, y* **la roca era Cristo**. 1 Corintios 10:4

Los profetas también hablaron de Cristo como: Roca, fundamento, piedra angular, cimiento estable. *Por tanto, Jehová el Señor dice así: He aquí que yo he puesto en Sion por fundamento una piedra, piedra probada, angular, preciosa, de cimiento estable.* Isaías 28:16

EL SIMCHAT GILI: DIOS LA ALEGRÍA DE MI EXALTACIÓN

Entraré al altar de Dios, al Dios de mi alegría y de mi gozo; y te alabaré con arpa, oh Dios, Dios mío. Salmo 43:4

El gozo de YHVH es mi fortaleza. Dios es el que cambia mi lamento en gozo, es el único que fue ungido con óleo de alegría mas que a sus compañeros.

El Ro'iy: EL DIOS QUE VE

Entonces llamó el nombre de Jehová que con ella hablaba: Tú eres Dios que ve; porque dijo: ¿No he visto también aquí al que me ve? Por lo cual llamó al pozo: Pozo del viviente-que-me-ve. Génesis 16:13

Cuando Agar la sierva de Sara concibe de Abram, huye de delante de su señora porque la afligía. En su huida le sale al encuentro el ángel de YHVH y la exhorta a volver y a humillarse delante de su ama Sara, y allí le da promesa sobre el hijo que está en su vientre.
Dios es un Dios que todo lo ve, todo lo conoce y todo lo sabe.
He aquí el ojo de Jehová está sobre los que le temen, sobre los que esperan en su misericordia, para librar sus almas de la muerte, y para darles vida en tiempo de hambre. Salmo 33:18-19

El HaKavod: EL DIOS DE GLORIA

Voz de Jehová sobre las aguas; truena **el Dios de gloria,** *Jehová sobre las muchas aguas. Voz de Jehová con potencia; voz de Jehová con gloria.* Salmo 29:3

Dios mismo es hermoso y es la fuente de toda belleza y creatividad. Dios se reveló con todo su esplendor en el monte Sinaí delante del pueblo de Israel. Su gloria cubrió el monte y se manifestó en trueno, sonido de bocina, nube espesa, rayos y relámpagos. Su gloria fue manifestada de muchas maneras pero el fuego y la nube siempre estuvieron presente.

El De'ot: EL DIOS DEL CONOCIMIENTO

No multipliquéis palabras de grandeza y altanería; cesen las palabras arrogantes de vuestra boca; porque el Dios de todo saber es Jehová, y a él toca el pesar las acciones. 1 Samuel 2:3
El Todopoderoso es como fuente de todo conocimiento y saber. Él conoce el pasado, presente y futuro. Su conocimiento es ilimitado. *Toda buena dádiva y todo don perfecto desciende de lo alto.* Santiago 1:17

Toda buena dádiva y todo don perfecto desciende de lo alto, del Padre de las luces, en el cual no hay mudanza, ni sombra de variación.
Santiago 1:17

Porque Dios misericordioso es Jehová tu Dios; no te dejará, ni te destruirá, ni se olvidará del pacto que les juró a tus padres.
Deuteronomio 4:31

EL OLAM: EL DIOS DE LA ETERNIDAD

☞

La palabra
OLAM significa:
Eternidad (no
estar limitado al
presente)
Tiempo muy
lejano (tiempo
distante)
• Para siempre
• Antiguo
• Perpetuo

📖

*Entonces
Melquisedec, rey de
Salem y sacerdote
del Dios Altísimo,
sacó pan y vino; y le
bendijo, diciendo:
Bendito sea Abram
del Dios Altísimo,
creador de los cielos
y de la tierra; y
bendito sea el
Dios Altísimo,
que entregó
tus enemigos
en tu mano.*

Y plantó Abraham un árbol tamarisco en Beerseba, e invocó allí el nombre de Jehová (YHVH) Dios (ÉL) Eterno (OLAM). Génesis 21:33

El término **Olam** se usa en las Escrituras como «encubierto» «escondido», «un tiempo o período indefinido». De modo que es la palabra que se usa para expresar la eterna duración del ser de Dios.

Desde el siglo y hasta el siglo, tú eres Dios. Salmo 90

Desde el siglo hasta el siglo es el sinónimo en hebreo del término griego *(aion)*, es igual a edad o dispensación.
Por lo tanto las dos ideas:
1) Que se mantiene en secreto
2) Duración indefinida

Se combinan en la palabra **Olam. El Dios «Eterno»** es por lo tanto aquel nombre divino en virtud del cual Dios es el Dios; cuya sabiduría ha dividido todo el tiempo y toda la eternidad en el misterio de las edades sucesivas o dispensaciones.

Bendito sea Jehová Dios de Israel, de eternidad a eternidad. Y dijo todo el pueblo, Amén, y alabó a Jehová. 1 Crónicas 16:36

Es bendito desde el pasado más remoto hasta el futuro más distante. El Todopoderoso es Eterno. Él ha hecho el tiempo, la eternidad y el universo. Él no tiene principio ni fin. **Él es el Eterno en sí mismo en su propia existencia.** También es el que está sobre todas las cosas eternas.

EL EMUNAH: EL DIOS DE VERDAD, JUSTO Y RECTO

Porque el nombre de Jehová proclamaré. Engrandeced a nuestro Dios. Él es la Roca, cuya obra es perfecta, Porque todos sus caminos son rectitud; **Dios de verdad,** *y sin ninguna iniquidad en él; es justo y recto.* Deuteronomio 32:3-4.

Este nombre es similar a **Jehová Tsidkenou** porque Dios es recto, justo y perfecto. Dios de verdad sin iniquidad, ni sombra de variación.

El Y-shua'ah: EL DIOS DE MI SALVACIÓN

He aquí Dios es salvación mía; me aseguraré y no temeré; porque mi fortaleza y mi canción es JAH Jehová, quien ha sido salvación para mí. Sacaréis con gozo aguas de las fuentes de la salvación ... He aquí Dios (El Y-shuw`ah) es salvación mía. Isaías 12:2-3

Dios mismo es la fuente de salvación. Si observamos el nombre *Yeshúa*, es similar al nombre de Jesús, que significa «Salvador».

EL RACHUM: EL DIOS DE COMPASIÓN Y MISERICORDIA

Su naturaleza es de amabilidad. El Todopoderoso está lleno de compasión y sentimiento por su pueblo. Él está completamente libre de crueldad o mezquindad.
Y cuando él clamare a mí, yo le oiré, porque soy misericordioso. Éxodo 22:27

EL ELYON: EL ALTÍSIMO

Entonces Melquisedec, rey de Salem y sacerdote del Dios Altísimo, sacó pan y vino; y le bendijo, diciendo: Bendito sea Abram del Dios Altísimo, creador de los cielos y de la tierra. Génesis 14:18-19

Altura significa poder y posición. El Todopoderoso está supremamente exaltado. Dios siempre habitó en las alturas en su santo monte.

Cuando Abram viene de derrotar al Rey que había hecho prisionero su sobrino y los cuatro reyes aliados, le sale al encuentro el rey de Salem, Melquisedec, allá bendice al patriarca, exalta a Dios. Es por primera vez que aparece la revelación del nombre de Dios como «el Altísimo».

Así que cuando mencionamos a «El ELYON», estamos diciendo: El único Dios verdadero; único en poder, comprometido en unidad, y el más alto en poder, estatura y morada.

Anteriormente, Satanás quiso usurpar esa altura. Subiré... fue su engaño. No nos olvidemos que aunque estaba en el monte de Dios, en una posición alta, «el Dios Elyon» siempre permaneció más alto porque es «el Dios Altísimo», y por eso siempre existe sobre una mayor altura. Satanás quiso subir más alto pero fue arrojado más bajo. El creador siempre estará por encima de sus criaturas.

En el mensaje del ángel Gabriel a María, Dios **se le revela** como: «El Altísimo» (*El Elyon*). «El más alto». Revelado en el Antiguo Testamento. Esta profecía angelical cae sobre Jesús en el día de su concepción. *Este será grande, y será llamado Hijo del Altísimo; y el Señor Dios le dará el trono de David su padre.* Jesús es llamado «Hijo del Altísimo» por el anuncio del ángel.

Por esa razón Dios no comparte su gloria con nadie, porque solo a él le pertenece toda la gloria y todo el poder. Porque el Dios que permanece en sí mismo, es el único Altísimo, nadie más, ni ángel ni querubín, ni hombre está a su nivel.

EL YESHURUN: EL DIOS DE JESURÚN

*No hay como **el Dios de Jesurún**, quien cabalga sobre los cielos para tu ayuda, y sobre las nubes con su grandeza.* Deuteronomio 33:26
Yeshurun es el nombre que se da como referencia de Jerusalén como la ciudad amada por Dios.

IMMANU EL: Dios está con nosotros.

Por tanto, el Señor mismo os dará señal: He aquí que la virgen concebirá, y dará a luz un hijo, y llamará su nombre Emanuel. Isaías 7:14

El deseo de Dios es estar con nosotros. Él nos ha creado de su naturaleza para estar con nosotros para siempre. Es importante notar que Dios es **El, Elohim y Elahh.** Solo él es la fuente de todo poder, capacidad y fuerza. Él es el más fuerte, alto y sublime en el universo. Nadie es más poderoso que él. Si nos acercarnos al Todopoderoso, al Fuerte, nos

infundirá fuerza y nos capacitará para hacer
todo lo que nos llame a hacer.

LECCIÓN CINCO
'ELAHH

'ELAHH es otro nombre que se traduce «Dios».
Se usa setenta veces en las Escrituras. Se combina con otras palabras para enfatizar diferentes
atributos de Dios.

'ELAHH YERUSH'LEM: DIOS DE JERUSALÉN

*Los utensilios que te son entregados para el servicio de la
casa de tu Dios, los restituirás delante de Dios en
Jerusalén (original hebreo).* «El Dios de Jerusalén».
Esdras 7:19
Dios está asociado de manera singular con
Jerusalén. Él está atado por siempre a la ciudad de
Jerusalén; es su capital y habitación eterna. La
Jerusalén celestial será el centro del Universo y per-
manecerá para siempre delante de él.
Jerusalén «ciudad de nuestro Dios», «ciudad de
paz» le pertenece al solo Dios que la escogió para sí.
Jerusalén no le pertenece a los judíos, ni a los palesti-
nos, ni siquiera a la ONU. Jerusalén le pertenece al
que la hizo y la escogió para sí, el Dios de Jerusalén.

'ELAHH ISRAEL: DIOS DE ISRAEL

*Profetizaron Hageo y Zacarías… ambos profetas, a los
judíos que estaban en Judá y en **Jerusalén en el nombre
del Dios de Israel** quien estaba sobre ellos.* Esdras 5:1
Dios está especialmente conectado con Israel y le
ha placido llamarse Dios de Israel.

'ELAHH SH'MAYA: DIOS DEL CIELO

*Todo lo que es mandado por **el Dios del cielo**, sea hecho
prontamente para la casa del Dios del cielo.* Esdras 7:23

El fuerte creó los cielos. Su trono está en el cielo
y él reina sobre las huestes celestiales.

NOMBRES DEL NUEVO TESTAMENTO PARA EL MESÍAS YESHÚA

Jesús de Nazaret: Hechos 22:8; Mateo 26:71; Hechos 3:5

El Cristo, Mesías: Juan 1:41; Mateo 23:8

El Hijo: Juan 8:36

El Hijo Unigénito: 1 Juan 4:9

Hijo Amado: Mateo 3:17

Hijo de David: Mateo 1:1

La Raíz y el Hijo de David: Apocalipsis 22:16

Hijo de Abraham: Mateo 1:1

Simiente de Abraham: Gálatas 3:16

Hijo de José: Juan 1:45

Hijo del Hombre: Mateo 26:64; Daniel 7:13

Hijo de Dios: Mateo 26:63

Hijo del Padre: 2 Juan 1:3

Hijo del Altísimo: Lucas 1:32

Hijo Unigénito de Dios: Juan 1:18

Primogénito: Hebreos 1:6

Primogénito de toda creación: Colosenses 1:15

Principio de la creación de Dios: Apocalipsis 3:14

Primogénito de entre los muertos: Apocalipsis 1:5

El último Adán: 1 Corintios 15:45

Rabino: Maestro, *literalmente «mi mayo»:* Mateo 23:8

Rey de Israel: Marcos 15:32

Rey de los judíos: Mateo 27:37

La Palabra: Juan 1:1

EL VERBO DE DIOS. *La Palabra de Dios*: Apocalipsis 19:13

La Palabra de Vida: 1 Juan 1:1

La Vida: Juan 11:25

YO SOY: Juan 8:58; Éxodo 3:14

SEÑOR: Romanos 10:9-13; Joel 2:32

Dios: Juan 1:1

El Hombre: Juan 19:5

Emanuel: [Dios con nosotros]: Mateo 1:23, Isaías 7:14

Maestro: [Jefe, Comandante]: Lucas 8:24

El Esperado: Lucas 7:19

Salvador del mundo: Juan 4:42

Salvador de todos los hombres: 1 Timoteo 4:10

El Liberador: Romanos 11:26

Jesús el Profeta: Mateo 21:11; Deuteronomio 18:15

Santo: Hechos 3:14

Justo: Hechos 3:14

Príncipe: Hechos 5:31

Príncipe de Vida: Hechos 3:15

Viviente: Lucas 24:5

Juez de los vivos y de los muertos: Hechos 10:42

Piedra: Marcos 12:10

Piedra principal: Marcos 12:10

Pastor principal: 1 Pedro 5:4

Buen Pastor: Juan 10:11

Pastor y Guardián de nuestras almas: (1 Pedro 2:25)

El Cordero: Apocalipsis 5:12

Cordero de Pascua: 1 Corintios 5:7

Cordero de Dios: Juan 1:36

León de Judá: Apocalipsis 5:5

Abogado, consejo para la defensa: 1 Juan 2:1

Luz del mundo: Juan 8:12

Rey de reyes y Señor de señores: Apocalipsis 19:16

El testigo fiel: Apocalipsis 1:5

El Fiel y Verdadero: Apocalipsis 19:11

El Amén: Apocalipsis 3:14

Siervo: (Hechos 4:27)

Lucero de la mañana: Apocalipsis 22:16

Aurora de lo alto: Lucas 1:78

El Apóstol: Hebreos 3:1

El Gran Sumo Sacerdote: Hebreos 4:14

El Autor y Perfeccionador de la fe: Hebreos 12:2

El Escogido: Lucas 9:35

El Mediador: 1 Timoteo 2:5

El Camino, la Verdad y la Vida: Juan 14:6

La Puerta: Juan 10:7

El Alfa y la Omega: Apocalipsis 22:13

El Primero y el Último: Apocalipsis 22:13

El Principio y el Fin: Apocalipsis 22:13

La Cabeza del cuerpo, la Iglesia: Colosenses 1:18

Cabeza de todas las cosas: Efesios 1:22

Heredero de todas las cosas: Hebreos 1:2

La Imagen del Dios Invisible: Colosenses 1:15

Misterio de Dios: Colosenses 2:2

Cuerno de Salvación: Lucas 1:69

El Poder de Dios: 1 Corintios 1:24

La Sabiduría de Dios: 1 Corintios 1:24

El Amado: Mateo 12:18

El Novio: Juan 3:29

El Pan de Dios: Juan 6:33

El Pan del Cielo: Juan 6:32

El Pan de Vida: Juan 6:35

La Viña Verdadera: Juan 15:1

El Labrador: Juan 15:1

La Resurrección: Juan 11:25

UNIDAD 1
LOS NOMBRES DE DIOS

B) NOMBRES COMPUESTOS DE LA PALABRA YHVH

JEHOVA YIREH: _____. Génesis 22:8

_____

_____

_____

Jehová Yireh **es una manifestación de Dios con el propósito de que
lo conozcamos como el** _____ **y** _____ **de
todas las cosas.**

Cuando nos referimos al nombre compuesto de **YHVH YIREH** nos
referimos a **YHVH** como: el que _____ en sí mismo, el
_____ y Señor y _____ que
_____ tus _____.

Dios probó la obediencia de Abraham cuando le pidió que
_____ a su _____ Isaac para el sacrificio. Tenía
_____ y _____ que no regresaría solo, su Dios ____
_____ sería capaz de devolvérselo si fuera
necesario, resucitado de entre los _____.

****

*Y respondió Abraham: **Dios se proveerá** de cordero para el holocausto, hijo
mío. E iban juntos. Y llamó Abraham el nombre de aquel lugar, **Jehová
proveerá**. Por tanto se dice hoy: En el monte de Jehová será provisto.
Génesis 22; 14*

****

Muchas veces el Señor nos pide que le entreguemos lo que _____
_____ para ver si somos _____ para que apren-
damos a confiar en Él. El nombre YIREH nos enseña a
_____ al Señor Dios como nuestro _____.

****

*Y el que da semilla al que siembra, y pan al que come, **proveerá y multipli-***
***cará** vuestra sementera, y aumentará los frutos de vuestra justicia, para que*
estéis enriquecidos en todo para toda liberalidad, la cual produce por medio de
nosotros acción de gracias a Dios . 2 Corintios 9: 10-11

****

YIREH nos muestra que antes de la fundación del mundo, Dios
_____ «la misericordia» para el hombre,
_C_____ la ofrenda agradable que habla mejor que la
de _A_____.

🖎 **Nota. Escriba la vez que usted recuerda que Dios fue su YIREH.**

_____
_____
_____
_____
_____

JEHOVÁ - RAFAH: JEHOVÁ _____. Éxodo 15:2.
RAFAH **es la manifestación de Dios en nuestra vida para que seamos**
_____ **tanto** _____ **como** _____.
El nombre RAFAH es uno de los atributos divinos _____
_____ hacia el hombre. Este nombre maravilloso se
_____ cuando sus hijos le _____y reciben un
_____de parte suya.

****

He aquí yo les traeré sanidad y medicina y los curaré y les revelaré abundan-
cia de paz y de verdad. Jeremías 33:6

****

¿Cómo se llamaba el lugar donde el pueblo de Israel, andando por el
desierto, fue probado por Dios? _____. ¿Qué sig-
nifica esta palabra? _____. ¿Qué
hizo Moisés? _____. ¿En qué se
convirtieron las aguas? _____ .

✒ **Una experiencia directa con YHVH RAPH**

_____

_____

_____

_____

_____.

JEHOVÁ NISSI: EL SEÑOR ES MI _____ (ESTANDARTE)
¿Qué significaba la vara de Moisés en su mano alzada?
_____.

¿Qué importancia tiene la colaboración entre los siervos de Dios?
_____.

¿Cuál se el secreto de la victoria para la guerra espiritual en las naciones?

_____.

En medio de las batallas de la vida el _____de
_____ levanta bandera sobre nosotros Moisés levantó sus brazos al cielo en símbolo que de Dios del cielo _____
siempre la _____. Tenemos que _____
y _____ de su presencia para recibir las _____.

****

**Y _pelearán contra ti, pero no te vencerán, porque yo estoy contigo,
dice Jehová, para librarte._** Jeremías 1:19
****

_Y temerán desde el occidente el nombre de Jehová, y desde el nacimiento del
sol su gloria; porque vendrá _____como río, mas el Espíritu de
Jehová levantará _____contra él._
_____ 59:19.

****

«_Me llevó a la casa del banquete, su bandera sobre mí es amo_».
Esta es una forma de entender el _____en Dios (confianza
absoluta) en medio de las batallas espirituales.
****

_Jehová _____ por vosotros, y vosotros estaréis _____.
Exodo 14:14._

En el lugar donde oyereis el _____ *de la* _____,
*reuníos allí con nosotros; **nuestro Dios** _____ **por nosotros.**
Nehemías 4:20

Y cada golpe de la vara justiciera que asiente Jehová sobre él, será con pan-
deros y con arpas; y en _____ *tumultuosa* _____
contra ellos. Isaías 30:32

D) EL, Dios: Nombres compuesto que denotan los atributos de Dios
El Shaddai: EL DIOS O_____. El T_____.
Dios el Todosuficiente.
Él, en arameo significa _____, «el que es _____ o
_____». ÉL, solamente ya da idea de O_____.
«El todo suficiente».
Shad significa «_____» en hebreo.
Como una madre que amamanta, Dios _____ y
_____ completamente a su pueblo.

****

Era Abram de edad de noventa y nueve años, cuando le apareció Jehová y le
*dijo: **Yo soy el Dios Todopoderoso;** anda delante de mí y se perfecto.*
Génesis 17.

****

El Shadai: «El que f_____» que el tiene «t_____
p_____». Cuando alguien recibe la _____del
Shadai su vida tiene que _____.
Abram ahora caminaría por _____, andaría delante de Dios
dependiendo de las _____«del Todopoderoso» no de las de
_____. No por su _____ni por su
_____ sino por la gracia del «El _____».

****

Por el Dios de tu padre, el cual te ayudará, por el Dios O_____,
el cual te bendecirá con_____ de los _____de arriba, con bendi-
ciones del _____ que está abajo, con bendiciones de los
_____ y del _____. Génesis 49.25

****

Bendiciones espirituales. Bendiciones de lo alto de su _____

_____.

Bendiciones materiales. Bendiciones de lo profundo de la _____

_____.

****

Y el Dios omnipotente te bendiga, y te haga fructificar y te multiplique,
hasta llegar a ser multitud de pueblos; Génesis 28:3

****

La bendición para los patriarcas, Abraham, Isaac y Jacob fue una bendición total del Dios Todopoderoso. Bendición de:

1.- Extensión física, genealógica

2.- Y en lo material, en riquezas y abundancia de bienes.

Segundo significado de «EL Shadai» es : «**El que**_____».

Este nombre presenta a Dios como el:

S_____

F_____

La revelación del Todopoderoso, Omnipotente Dios es maravilloso.

✒ **Expresa con tus palabras que significa EL SHADAI para ti.**

_____

_____

_____

_____

El HAKADOSH (qadösh): EL DIOS _____

****

*Pero **Jehová** (YHVH) de los ejércitos será exaltado en juicio, y el **Dios** (Él)*
***Santo** (Hakados) será **santificado** (qadash) con justicia. Isaías 5:16*

****

La Palabra «**Santo**» tienen dos formas originales de la raíz que son distintas significa:

1.- _____consagrado.

2.-_____

Dios en su _____ es Santo. El _____ en su Santo
_____.

El Antiguo Testamento clara y enfáticamente enseña que Dios es:
  a). _____
  b). _____

Él es el «_____»: *Regocíjate y canta, oh morado-*
ra de Sión; porque grande es en medio de ti el Santo de Israel. Isaias 12:6
Es «_____» *¿A qué, pues, me haréis*
semejante o me comparareis? dice el Santo. Isaías 40.25
El «_____» es santo,
El salmista manda a los fieles gloriarse en su santo nombre. «*Y Bendiga*
*todo mi ser su **santo nombre**».*
«El es S_____» y nadie es tan «_____» como Él:
*No hay **santo** como Jehová; porque no hay ninguno fuera de ti. 1 Samuel 2:2*

EL OLAM: EL DIOS _____.

 El término **Olam** se usa en las Escrituras como « _____ »
«_____», «un tiempo o periodo
indefinido».

De modo que la palabra se usa para expresar la _____
del ser de Dios.

****
Señor, tú nos has sido refugio de generación en generación.   Antes que
*naciesen los montes y formases la tierra y el mundo, **desde el siglo y hasta***
***el siglo**, tú eres Dios. Salmo 90:1-2*
****

Desde el siglo hasta el siglo es el sinónimo en hebreo del término
griego (*aion*) es igual a: _____ o_____.
Por lo tanto las dos ideas:
_____
_____

Se combinan en la palabra O _____. El Dios «_____».

La palabra OLAM significa:

E_____ (*no estar limitado al presente*)
T_____ _____ _____ (*tiempo distante*)
P_____.
A_____.
P_____.

****

*Bendito sea Jehová Dios de Israel, d*_____
Y dijo todo el pueblo, Amén, y alabó a Jehová. 1 Crónicas 16:36

****

HAZME UNA
MORADA

****

Objetivo: Dios creó al hombre con un propósito y siempre quiso tener comunión con él. Su anhelo ha sido morar en medio de ellos.

****

A) INTRODUCCIÓN AL LIBRO DE ÉXODO

El libro de Éxodo relata la «salida» de los descendientes de Abraham de la esclavitud de Egipto. De los setenta que entraron, casi llegaban a ser dos millones de personas, en un período que abarcó cuatrocientos treinta años. Éxodo es en particular el gran libro de la «redención».

• ÉXODO ➜ Jesucristo Redentor del hombre.

En todo los años que los israelitas estuvieron como esclavos bajo las órdenes de Faraón en Egipto, no tuvieron revelación ni conocieron a **Dios** (*El Elohim),* el Dios que se apareció a sus ancestros: Abraham, Isaac y Jacob.

Moisés es el instrumento que Dios escoge para dar libertad de la esclavitud al pueblo y a la vez traerles nuevamente la revelación del nombre de Dios, de su voluntad, sus normas divinas, leyes, preceptos, hechos y mandamientos; los cuales tendrían que cumplirse, para restaurar el pacto hecho a Abraham su siervo y levantarlos como nación.

Éxodo tiene varias divisiones importantes:

• Se narra la historia de Moisés
• La liberación del pueblo de Israel de la esclavitud
• El viaje de los hijos de Israel desde Egipto al Monte Sinaí
• Instrucciones y normas de la ley de Dios
• Cómo construir el tabernáculo de reunión
• Edificación del mismo como morada de Dios

☞

Cuarenta son los capítulos del Éxodo

Cuarenta años pasó Moisés en Egipto

Cuarenta años vivió en Madián.

Cuarenta años pasó el pueblo de Israel en el desierto.
Hechos 13:17

Cuarenta años comieron maná del cielo.
Éxodo 16:35

Cuarenta días y cuarenta noches pasó Moisés en el monte bajo la nube de la gloria.
Éxodo 24:18

Cuarenta eran las basas de plata que sostenían las veinte tablas del santuario.
Éxodo 26:19

A. 1) Autor

Éxodo 17:14

Moisés es el principal líder que se nombra en el libro del Éxodo. Su nombre significa «sacado de las aguas». Fue un nombre profético para su llamado y ministerio. La palabra «santo» significa «separado para algo». Moisés fue escogido y separado para Dios, para guiar al pueblo de Israel de la esclavitud a la libertad.

La palabra «aguas» en muchas ocasiones se refiere a las muchedumbres de este mundo. Moisés fue escogido y separado para una misión única y simbólica semejante al llamado y ministerio de Cristo, el libertador.

• Cristo es quién libera de la esclavitud del pecado y es el puente y camino hacia la tierra prometida «la ciudad celestial».

A. 2) Carácter de Moisés

Es digno de destacar que: *Aquel varón Moisés era muy manso, más que todos los hombres que había sobre la tierra.* Números 12:3

Manso = Poder bajo control = Humildad = Mansedumbre

• La humildad es: no pretenciosa, gentil, suave, mansa.
• La mansedumbre no es debilidad sino poder bajo un perfecto control.

Esta es una característica también del carácter de Cristo.

Su entrada triunfal en Jerusalén nos muestra algo similar... *he aquí, tu Rey viene a ti, manso, y sentado sobre una asna, sobre un pollino, hijo de animal de carga.* Mateo 21:5

Jesús mismo como el Mesías prometido se identifica con un corazón humilde.

Y Jehová dijo a Moisés: Escribe esto para memoria en un libro.
Éxodo 17:14

Manso = Poder bajo control= Humildad = Mansedumbre

Aprended de mí, que soy manso y humilde de corazón.
Mateo 11:29

Porque el que se enaltece será humillado, y el que se humilla será enaltecido.
Mateo 23:12

Aunque la secta de los zelotes busca un Mesías guerrero quien usaría de fuerza física, Cristo demostró su poder más que militar, el poder de la sabiduría humilde y el amor penetrante. Mateo 11:29

Alégrate mucho, hija de Sión; da voces de júbilo, hija de Jerusalén; he aquí tu rey vendrá a ti, justo y salvador, humilde, y cabalgando sobre un asno, sobre un pollino hijo de asna. Zacarías 9: 9

A. 3) El santuario sombra de lo por venir

Éxodo 24 y 25

El tabernáculo sería la «habitación» de JHVH, Dios de Israel. Fue la primera morada de Dios en la tierra. Se nos dice que en el principio: *Él andaba y hablaba* con Adán, pero no habitó.

Y habitaré, o moraré....

La palabra hebrea (*sacan*), «habitar», significa, residir permanentemente en una localidad. Este vocablo está muy relacionado con la palabra «Shekinah», que es el nombre aplicado a la manifestación de la gloria divina asentada sobre el propiciatorio.

La *Shekinah* era el símbolo de la presencia divina, por medio de la cual Dios había prometido **«habitar en medio de ellos»**. Éxodo 25: 22

La palabra *gloria* en el original hebreo es (*Kabod*) que significa: Algo sustancial o pesado, glorioso, esplendoroso, honorable. Riqueza, reputación, abundancia, magnificencia, dignidad y excelencia. La raíz de *Kabod* es *Kabad* que significa reconocido, pesado, glorioso y notable. En el Antiguo Testamento el concepto de la palabra pesado representaba un honor, mientras que la palabra ligereza se igualaba a vacío, temporario, inestable y vanidoso.

Dios ha prometido exaltar a los que se humillan y humillar a los que se exaltan. El principio de la arrogancia es el espíritu de independencia y rebeldía engendrado en el espíritu de Iniquidad. Lo opuesto al espíritu orgulloso es el corazón contrito y humillado que tuvo Cristo

Y de allí me declararé a ti, y hablaré contigo de sobre el propiciatorio, de entre los dos querubines que están sobre el arca del testimonio Éxodo 25: 22

En el desierto se manifestó en nube y fuego. En el monte Sinaí se añade los truenos y relámpagos con los sonidos fuertes estremecedores. Le estaba revelando a su pueblo su misma dignidad, su misma excelencia, su propio esplendor y magnificencia. Para demostrar a su pueblo que él era y es único, no hubo, no hay y no habrá otro como Él. Éxodo 19:9

En la gloria visible manifestada como nube espesa se revelaba Dios como alguien que tiene valor, ya que la ligereza representaba vanidad.

En el tabernáculo cae nuevamente esa gloria pesada en forma de nube sobre el Lugar Santísimo y la presencia que queda morando es la *Shekina*.

A. 4) Lugar que escogió Dios para morar

1. En un sentido espiritual, Dios siempre ha buscado morar con los hombres y escogió Sión para su «reposo». Salmo. 132: 13-14

2. En el corazón de cada persona de su pueblo. 1 Corintios 3: 16

3. En medio de dos o tres que se reúna para adorarle Mateo 18: 20.

El tabernáculo terrenal señalaba por adelantado a Cristo, que más tarde «habitó», o según una traducción literal, «hizo su tabernáculo» entre los hombres.

Y aquel Verbo fue hecho carne, y habitó entre nosotros. Juan 1: 14

A. 5) Descripción Bíblica de donde habita el Señor

Habita en la eternidad ... porque así dijo el Alto y Sublime, el que habita la eternidad, y cuyo nombre es el Santo:

El Señor descendió y se manifestó desde la nube espesa, para que el pueblo oyera mientras hablaba con Moisés para que su fe se acrecentara y creyeran a Dios.

Porque Jehová ha elegido a Sión; la quiso por habitación para sí. Este es para siempre el lugar de mi reposo; aquí habitaré, porque la he querido. Salmo 132: 13-14

1. Yo **habito en las alturas.** EL EYON
2. Y **la santidad.**
3. Y con el **quebrantado.**
4. Y **humilde de espíritu.** Isaías 57:15.
5. Cantad a Jehová, que **habita en Sión.** Salmo 9:11
6. Tú que **habitas en la alabanza.** Salmo 22:3
7. A ti que **habitas en los cielos.** Salmo 123:1
8. El único que tiene inmortalidad, que **habita en luz inaccesible.** 1 Timoteo 6:6
9. Porque he aquí vengo, y **moraré en medio de ti.** Zacarías 2:10

B) INSTRUCCIONES PARA LA CONSTRUCCIÓN

Éxodo 25 al 27 describe las instrucciones que Dios le da a Moisés acerca del tabernáculo. Mientras que Éxodo 35 a 37 describe la realización del proyecto.

Así como el tabernáculo tiene tres partes importantes, patio, Lugar Santo y Santísimo, así el hombre está compuesto de tres partes: cuerpo, alma o corazón y espíritu. El Lugar Santo representa nuestro corazón regenerado y lavado por la sangre de Cristo. Ahí es cuando recibimos la Palabra que es el Pan de Vida, nuestra mente es iluminada y recibe la verdad de Dios en nuestro interior. 1 Tesalonisenses 5:23

El tabernáculo de Israel era un tipo:

Del creyente.
De la Iglesia.
De las cosas celestiales y, especialmente.
De la persona de Cristo y de su obra redentora.

Y el mismo Dios de paz os santifique por completo; y todo vuestro ser, espíritu, alma y cuerpo, sea guardado irreprensible para la venida de nuestro Señor Jesucristo. 1 Tesalonisenses 5:23

Los lugares santos hechos a mano, deberían ser «**figura del verdadero**» … «**figuras de las cosas que están en el cielo**» (Hebreos 9:23-24), una

¿No sabéis que sois templo de Dios, y que el Espíritu de Dios mora en vosotros?
1 Corintios 3: 16

Lo más glorioso de la tienda ambulante es que Dios quiso morar con su creación, ¿anhelará el hombre lo mismo?

Figura o sombra de la sustancia, Cristo y su obra. Figuras de las cosas que estuvieron desde un principio en el cielo

Los cuales sirven a lo que es figura y sombra de las cosas celestiales, como se le advirtió a Moisés cuando iba a erigir el tabernáculo, diciéndole: Mira, haz todas las cosas conforme al modelo que se te ha mostrado en el monte.
Hebreos 8:5

Habitaré y andaré entre ellos, y seré su Dios.
2 Corintios 6:16

representación en miniatura del templo celestial, donde Cristo, nuestro gran Sumo Sacerdote, después de ofrecer su vida en sacrificio, ministraría en pro del pecador. Cada cosa era **figura o sombra** de lo por venir.

Aunque Dios habita en todo lugar, señaló un lugar donde su pueblo pudiera hallarlo siempre como en su casa. El tabernáculo fue hecho conforme al modelo que Dios mostró a Moisés en el monte Sinaí:

De la Iglesia: *Los cuales sirven a lo que es figura y sombra de las cosas celestiales, como se le advirtió a Moisés cuando iba a levantar el tabernáculo de **la iglesia** donde habita Dios por su Espíritu.* Hebreos 8:5

*Así que ya no sois extranjeros ni advenedizos, sino conciudadanos de los santos, y miembros de la familia de Dios, edificados sobre el fundamento de los apóstoles y profetas, siendo la principal piedra del ángulo Jesucristo mismo, en quien todo el edificio, bien coordinado, va creciendo para ser **un templo santo** en el Señor; en quien vosotros también sois juntamente edificados **para morada de Dios en el Espíritu**.* Efesios 2:19 - 22

Del creyente, quien es templo de Dios. *¿Y qué acuerdo hay entre el templo de Dios y los ídolos? Porque vosotros sois el templo del Dios viviente, como Dios dijo: Habitaré y andaré entre ellos, y seré su Dios, y ellos serán mi pueblo.* 2 Corintios 6:16

De las cosas celestiales. *Fue, pues, necesario que **las figuras de las cosas celestiales** fuesen purificadas así; pero las cosas celestiales mismas, con mejores sacrificios que estos. Porque no entró Cristo en el santuario hecho de mano, figura del verdadero, sino en el cielo mismo para presentarse ahora por nosotros ante Dio.* Hebreos 9:23-24

B.1) La ofrenda para el tabernáculo

Éxodo 25:1-9; 35: 6-29.
La ofrenda voluntaria, de los generosos de corazón.

Dar a Dios debe ser un acto voluntario, nos dice en 2 Corintios 9:7: *Cada uno dé como propuso en su corazón: no con tristeza, ni por necesidad, porque Dios ama al dador alegre.*

Éxodo 25:1-2. *Jehová habló a Moisés, diciendo: Di a los hijos de Israel que tomen para mí ofrenda; de todo varón que la diere de su voluntad, de corazón, tomaréis mi ofrenda.*

Para la edificación del santuario, fueron necesarios grandes preparativos; muchos de los materiales eran preciosos y caros.

Di a los hijos de Israel que tomen para mí ofrenda; de todo varón que la diere de su voluntad, de corazón, tomaréis mi ofrenda. (Éxodo 25:2). Esta fue la orden divina repetida por Moisés a la congregación. La devoción a Dios y el espíritu de sacrificio eran los primeros requisitos para preparar una morada para el Altísimo.

Todo el pueblo correspondió unánimemente. *Y vino todo varón a quien su corazón estimuló, y todo aquel a quien su espíritu le dio voluntad, con ofrenda a Jehová para la obra del tabernáculo de reunión y para toda su obra, y para las sagradas vestiduras.*
Vinieron así hombres como mujeres, todos los voluntarios de corazón, y trajeron cadenas y zarcillos, anillos y brazaletes y toda clase de joyas de oro; y todos presentaban ofrenda de oro a Jehová. Éxodo 35:21-22

«*Todo hombre que tenía azul, púrpura, carmesí, lino fino, pelo de cabras, pieles de carneros teñidas de rojo, o pieles de tejones, lo traía. Todo el que ofrecía ofrenda de plata o de bronce traía a Jehová la ofrenda; y todo el que tenía madera de acacia la traía para toda la obra del servicio.*
Además todas las mujeres sabias de corazón hilaban con sus manos, y traían lo que habían hilado: azul, púrpura, carmesí o lino fino. Y todas las mujeres cuyo corazón las impulsó en sabiduría hilaron pelo de cabra. Los príncipes trajeron piedras de ónice, y las piedras de los engastes para el efod y el pectoral, y las

Vinieron así, hombres como mujeres , todos los voluntarios de corazón, y trajeron, cadenas y zarcillos, anillos y brazaletes, y toda clase de joyas de oro; y todos presentaban ofrenda de oro a Jehová.
Éxodo 35:22

La devoción a Dios y el espíritu de sacrificio eran los primeros requisitos para preparar una morada para el Altísimo.

He aquí que vengo, oh Dios, para hacer tu voluntad; ... En esa voluntad somos santificados mediante la ofrenda del cuerpo de Jesucristo hecha una vez para siempre.
Hebreos 10:9-1

Dios quiere lo
que tienes en tus
manos, no solo
para tomarlo y
bendecirlo, sino
para convertirlo
en útil para
su gloria.

Tu sencillez se
convierte en
instrumento
poderoso, porque
Él es quien lo
trasforma y lo
engrandece.

Entrega todo lo
que tienes y
tendrás más.

*Muchos buscan el
favor del generoso,
Y cada uno es
amigo del hombre
que da..*
Proverbios 19: 6.

*especias aromáticas, y el aceite para el alumbrado, y
para el aceite de la unción, y para el incienso».*
Éxodo. 35:23-28

C) MATERIALES, COLORES Y PIEDRAS PRECIOSAS

Todas estas cosas revelaban a Jesús el Hijo de
Dios y su obra redentora, desde el Génesis hasta
Apocalipsis.

ORO: Representa su Divinidad. Jesús es Divino.

PLATA: Representa su Redención. Él es el Redentor.

BRONCE: Representa su sufrimiento. Era necesario que el Cristo viniera y sufriera por nosotros.

PELO DE CABRA: Cristo fue el Profeta de Dios.

CARNERO TEÑIDO: Cristo Rey, el Cordero
que derramó su sangre.

PIELES DE TEJONES: Representa su fealdad.
Cristo en Isaías 53 (El crucificado)

MADERA DE ACACIA: Su carne incorruptible
en cuerpo perfecto.

ACEITE PARA LAS LÁMPARAS: Representa
«La unción» Cristo fue el ungido de Dios.

ESPECIES PARA EL INCENSARIO: Oración y
Adoración continua. Perfume de alabanza

PIEDRAS PARA EL EFOD: Hermosura y
riqueza en la gran Jerusalén

PIEDRA PRECIOSA DE ÓNICE

C. 1) La manera de obtener los materiales

Todos los materiales fueron ofrendas voluntarias
del pueblo de Israel.

No fue permitido el oro de extranjeros o de aliados para adornar la morada de Dios.

Los metales procedían en buena medida de los regalos que los egipcios habían dado a los israelitas. Los madianitas tenían minas de cobre y había oro y minas de turquesa en la península de Sinaí. El azul, la púrpura y el carmesí eran los hilos de telas teñidos con estos tintes. Los esclavos egipcios deben haber aprendido muchas artes y manualidades, metalurgia y forja, hilado, tejido y bordado. Por cuanto los israelitas fueron esclavos en Egipto, es seguro que sabían muchas artes.

El lino era usado por los nobles y sacerdotes en Egipto, por ser fresco y limpio. El pelo de cabras era usado para hacer tiendas. Las pieles de cabras pueden ser también de manatíes o delfines del Mar Rojo. La madera de acacia es dura y aromática, buena para muebles. Una de las especies que se necesitaban era el bálsamo.

Todo el modelo fue diseñado por Dios mismo.

C. 2) Secuencia en la construcción

El tabernáculo o lugar de reunión se construyó desde adentro hacia fuera. En cuanto al tabernáculo y sus vasos, es también el orden en el cual fueron hechos y colocados, comenzando desde el Lugar Santísimo hacia el exterior. Se comenzó por el arca. Éxodo 25: 10

Del mismo modo el Espíritu Santo hace la obra en el corazón, desde lo más profundo de su ser. La mayoría de las personas cuando reciben el Espíritu Santo son quebrantados y lloran ante la presencia de Dios, esto es señal que el ser interior está siendo ministrado.

Porque la palabra de Dios es viva y eficaz, y más cortante que toda espada de dos filos; y penetra hasta partir el alma y el espíritu, las coyunturas y los tuétanos, y discierne los pensamientos y las intenciones del corazón. Hebreos 4:12

Tomad de lo mejor de la tierra en vuestros sacos, y llevad a aquel varón un presente, un poco de bálsamo, un poco de miel, aromas y mirra, nueces y almendras. Génesis 43:11

Dame, hijo mío, tu corazón. Proverbios 23:26

Mateo: el color de los Reyes.
Marcos: el color de la sangre.
Lucas: el color de su pureza humana.
Juan: el color del cielo.

C. 3) Los colores utilizados

PURPURA ➔ Y le pusieron un letrero «Rey de los Judíos». Jesús era Rey .
Evangelio de Mateo

CARMESÍ ➔ He aquí el Cordero de Dios. Jesús el Redentor.
Evangelio de Marcos

BLANCO ➔ representa la humanidad perfecta. Jesús Hijo del Hombre sin pecado.
Evangelio de Lucas

AZUL ➔ Representa que Jesús vino del cielo. Era el Hijo de Dios.
Evangelio de JUAN

Nota: En su trono de gloria, Dios creador de los colores y la vida, está rodeado de un arco iris, con este hecho, no solo nos quiere mostrar su pacto con el hombre, sino además el significado que cada color representa una piedra preciosa.

Doce piedras del pectoral

Sárdica	Rojo
Topacio	Amarillo
Carbunclo	Rojo rubí
Esmeralda	Verde
Zafiro	Azul
Diamante	Blanco brillante
Jacinto	Anaranjada a café
Ágata	Transparente
Amatista	Púrpura
Berilo	Azul verdoso
Jaspe	Multicolor
Ónice	Brillo como fuego

Y su cinto de obra primorosa que estará sobre él, será de la misma obra, parte del mismo; de oro, azul, púrpura, carmesí y lino torcido. Y tomarás dos piedras de ónice, y grabarás en ellas los nombres de los hijos de Israel; seis de sus nombres en una piedra, y los otros

Y el aspecto del que estaba sentado era semejante a piedra de jaspe y de cornalina; y había alrededor del trono un arco iris, semejante en aspecto a la esmeralda.
Apocalipsis 4:3

seis nombres en la otra piedra, conforme al orden de
nacimiento de ellos. Éxodo 28:17-20

Cornalina
Rubíes
Crisólito
Crisopraso
Cristal
Coral

Y los cimientos del muro de la ciudad estaban ador-
nados con toda piedra preciosa. El primer cimiento
era jaspe; el segundo, zafiro; el tercero, ágata; el cuar-
to, esmeralda; el quinto, ónice; el sexto, cornalina; el
séptimo, crisólito; el octavo, berilo; el noveno, topacio;
el décimo, crisopraso; el undécimo, jacinto; el
duodécimo, amatista.
Apocalipsis 21:19-20

Sus manos, como
anillos de oro
engastados de
jacintos; su cuerpo,
como claro marfil
cubierto de zafiros.
Cantares 5:14

UNIDAD 2
HAZME UNA MORADA

A) Introducción AL LIBRO DE ÉXODO

🖎 Éxodo tiene varias divisiones importantes:
Narra la historia de _____.
_____ del pueblo de Israel _____.
El viaje desde _____ al _____.
Instrucciones y normas de _____.
Cómo construir el _____.
Edificación del mismo como _____.

A.1) Autor
🖎 El autor del Pentateuco es _____.

****
Y Jehová dijo a Moisés: Escribe esto para memoria en un libro. Éxodo 17:14
****

Moisés fue escogido y separado para una misión única y simbólica, semejante al _____ y _____ de _____el libertador.

A.2) Carácter de Moisés

****
Aquel varón Moisés era muy manso, más que todos los hombres que había sobre la tierra. Números 12:3
****

🖎 **Manso =** _____ = Humildad = _____.
• La Humildad es: no pretenciosa, _____ , suave,
_____.
• Mansedumbre no es _____ sino poder _____.
Esta es también una característica del carácter de _____.

****

*He aquí, tu Rey viene a ti, **manso**, y sentado sobre una asna, sobre un polli-no, hijo de animal de carga.* Mateo 21:5

****

Jesús mismo como el Mesías prometido se identifica con un _____
_____

****

Aprended de mí, que soy manso y humilde de corazón. Mateo 11:29

****

A. 3) El santuario sombra de lo porvenir

****

Éxodo 25:8 = _____.

****

La palabra hebrea «habitar» significa: Residir_____
_____ .
Este vocablo se relaciona con la palabra (_____), que
es el nombre aplicado a la manifestación de la _____
Divina, asentada sobre el p_____.

****

Y de allí me declararé a ti, y hablaré contigo de sobre el propiciatorio, de entre los dos querubines que están sobre el arca del testimonio. Éxodo 25:22

****

A. 4) Nombrar los tres lugares que Dios escogió para su «reposo»:

1) _____   2) _____   3) _____

_____ _____ _____ _____

A. 5) Descripción Bíblica de donde habita Dios

1) Habita en la _____
2) Y en la _____
3) Y con el _____
4) Y _____ (Isaías 57:15)

5) Cantad a Jehová, que habita en _____

6) Tú que habitas entre las _____
7) A ti que habitas _____
8) El único que tiene inmortalidad, que habita _____
9) Moraré en medio _____

B) INSTRUCCIONES PARA LA CONSTRUCCION

✎ El Tabernáculo es tipo del:
_____ quien es templo de Dios.
2 Corintios 6:16.
_____ donde habita Dios por su Espíritu.
Efesios 2:19-22.
_____y_____
_____.
(Hebreos 9:23-24)

****
Figuras de las cosas celestiales ... figura del verdadero. Hebreos 9:23-24
****

Cada cosa era _____ o _____ de lo
porvenir.
El tabernáculo fue hecho conforme al _____ que Dios
mostró a Moisés.

****
*Los cuales sirven a lo que es _____ y _____ de las
cosas _____ ,como se le advirtió a Moisés cuando iba a levantar el tabernáculo.* Hebreos 8:5
****

B.1) La ofrenda para el tabernáculo

La ofrenda sería _____, de los generosos de _____.

****
*Jehová habló a Moisés, diciendo: Di a los hijos de Israel que tomen para mí
_____; de todo varón que la diere de su _____,
de_____, tomaréis mi ofrenda.* Éxodo 25:1-2
****

Cada uno dé como _____.

****
La devoción a Dios y el _____ de _____
eran los primeros requisitos para preparar una _____
para el _____.
****

C) MATERIALES, COLORES Y PIEDRAS PRECIOSAS

- Oro. Representa la _____ de Cristo.
- Plata. Representa su _____ .
- Bronce. Representa su _____ .
- Pelo de cabra. Cristo fue _____.
- Carnero teñido _____ que derramó su sangre.
- Pieles de tejones. Representa su _____. (Isaías 54)
- Madera de acacia. Su _____ en cuerpo perfecto.
- Aceite para las lámparas. Representa «_____».
- Especies para el incensario. _____ y _____
  continua. Perfume de _____ .

C. 2) Secuencia en la construcción
El tabernáculo se construyó desde _____ hacia
_____.

El Espíritu Santo hace la obra del corazón igual, desde lo
_____ _____ hacia _____.

C. 3) Los colores utilizados.

Simbolismo	Color
Jesús vino del cielo	_____
Rey de los judíos	_____
He aquí el Cordero de Dios	_____
Representa el lino fino	_____

✒ a) ¿Cuál fue el objetivo de la construcción del tabernáculo?
_____
_____

✒ b) ¿Qué revela el tabernáculo?
_____
_____
_____

LAS TRES PARTES DEL TABERNÁCULO

A) La puerta, el patio y los pilares.

Todo el recinto del tabernáculo, como el ser humano, estaba diseñado para tener tres compartimentos diferentes. El Patio era el más grande y en donde el público en general podía asistir (no gentiles). Se entraba a través de una puerta, ya que este estaba rodeado del exterior por una verja formada de lino fino sostenida por pilares.

Dios es trino y es tipo de la casa de Dios. Aunque es uno, son tres manifestaciones: Padre, Hijo y Espíritu Santo.

La familia como la casa también forma el misterio de Dios. Está dividida en tres partes: Padre, Madre, e hijos.
Nosotros como individuos estamos formados a imagen de Dios, divididos en tres: cuerpo, alma o corazón y espíritu.

Entonces vemos que el tabernáculo se compara al hombre:

El patio: El cuerpo
El lugar Santo: Alma - corazón
Lugar Santísimo: Espíritu

A.1) Las puertas

Para poder entrar a cada uno de los tres lugares había una puerta. *La primera* era para entrar al patio o atrio. *La segunda* entraba al tabernáculo o Lugar Santo. *La tercera*, «el velo», entraba al Lugar Santísimo. La segunda y la tercera se llamaban velo exterior y velo interior, respectivamente. Solo el sacerdote y el sumo sacerdote podían pasar el velo interior que conducía al Lugar Santísimo. Esto era una vez al año.

La primera puerta se llamaba «El camino» y estaba constituida por cuatro columnas de madera con una cortina de cuatro colores. El velo exterior se llamaba «La verdad». El velo interior se llamaba «La vida».

Tres áreas en el tabernáculo.

Tres en Dios.

Tres en el hombre.

Tres en la familia.

Tres en el cielo.

Tres en la tierra.

Jesús le dijo: Yo soy el camino, y la verdad, y la vida; nadie viene al Padre, sino por mí. Juan 14:6

Los israelitas conocían estas puertas. Jesús les estaba diciendo yo soy la puerta que lleva a la revelación de Dios, mi Padre. Por esta declaración lo rechazaban: «Yo soy». Ellos sabían que solo Dios era la puerta al Lugar Santo y Santísimo, por esa causa ellos rechazaban la idea de que Jesús era «la puerta».

A. 2) La puerta del atrio

Éxodo 27:16-17.

Era suficiente alta para no poder ver lo de adentro. Solo entrando era que se podía comenzar a contemplar la gloria de Dios. Se sostenía por cuatro postes.
Esta puerta representa a Jesús, la puerta a la salvación presentada por los cuatro Evangelios que trajeron las buenas noticias del Reino. Cristo vino a ser la puerta de acceso a Dios.

A. 3) Las cuatro columnas de la puerta

Las cuatros columnas de la puerta fueron levantadas sobre cuatro basas de bronce. Cristo se hizo justicia por nuestro pecado.

El numero cuatro se relaciona con la plenitud de la tierra. *Para todos sin acepción de personas es la posibilidad de salvación, el evangelio será predicado a todas las naciones.* ¿Qué signifícan los cuatro puntos cardinales?

Norte, sur, este y oeste. Puntos Cardinales. Tierra. Cuatro estaciones.
Las cuatro columnas nos habla de los cuatro Evangelios.

Mateo a los judíos; Marcos a los romanos, Lucas a los griegos y Juan a la iglesia. El evangelio ha sido proclamado para toda lengua, raza y color sin acepción de personas. Los Evangelios pre-

Como entra el sumo sacerdote en el Lugar Santísimo cada año.
Hebreos 9:25

Jesús nos dice: Yo Soy la Puerta de las ovejas.

N
O ← → E
S

Esto nos recuerda que no hay otro Dios más que el gran YO SOY, y fuera de él no hay salvación.

sentan a Cristo en su vida, muerte y resurrección como el único medio o puerta por el cual el hombre puede acercarse a Dios

A. 4) La cortina

La cortina de la puerta era de lino fino bordada de cuatro colores: *azul y hilado de púrpura, rojo escarlata, y cuerda de rosca de lino fino*. Rojo, blanco, morado y azul. Estos cuatro colores así como la misma puerta representan la obra gloriosa de Jesús en su ministerio, presentada por el evangelio eterno.

Azul: Cristo vino del cielo enviado por su Padre celestial.
Púrpura: Él era el Rey prometido.
Rojo: Moriría y derramaría su sangre para expiación de los pecados de su pueblo.
Blanco: Regresaría en gloria al cielo porque él es el hijo del Dios eterno lleno de poder, sin pecado, lleno de santidad.

Entrad por sus puertas con acción de gracias, por sus atrios con alabanza; alabadle, bendecid su nombre.
Todo aquel que entra a la presencia de Dios lo tiene que hacer con acción de gracias. Este es el lenguaje del cielo.

Porque por medio de él los unos y los otros tenemos entrada por un mismo Espíritu al Padre. Efesios 2:18

El único medio de acceso al tabernáculo era la puerta. Esto nos enseña que necesitamos una justicia mayor que la de nosotros mismos. Dios estima nuestra propia justicia como trapos de inmundicia. Isaías 64:6. Esto manifiesta que la justicia de Dios condena a todos los que no aceptan a Cristo como la puerta para entrar a la presencia de Dios.

Solo hay un camino al cielo JESUCRISTO. *Yo soy la puerta; el que por mí entrare, será salo.* Juan 10:9

El lino representa la pureza de Cristo, tanto en él como en los redimidos por su sangre.

☞
Cuatro colores

Cuatro columnas con sus cuatro basas.

Cuatro anillos de oro para el arca.

Cuatro copas en forma de flor de almendro en el centro del candelero

Cuatro codos la anchura de las cortinas.

Cuatro cuernos en las cuatro esquinas del altar.

Cuatro hileras de piedras en el pectoral.

Para el hombre, su santidad nos da a conocer nuestra necesidad de justicia como primer requisito para acercarnos a Dios, al mismo tiempo, la clase de justicia que necesitamos, esto es la de Dios.

También simboliza la vida santa de Cristo. Las cortinas impedían la entrada del hombre que se consideraba justo a sí mismo, pues tenían 2.25 m. de alto.

A. 5) Lino nombrado en la Biblia

1. Ropas sacerdotales
2. Túnica del niño Samuel (consagrado para Dios) Profeta.
3. David vestido con efod de lino, danzando delante del arca. (Shesh; (blanco); (lino fino). Rey.
4. Telas del tabernáculo.
5. La esposa del cordero.

Y a ella se le ha concedido que se vista de lino fino, limpio y resplandeciente; porque el lino fino es las acciones justas de los santos. Apocalipsis 19:8

B) El patio

En el patio estaban los dos utensilios para prepararse para entrar en su presencia y ser aceptados por Dios.

a) El altar de sacrificio.
b) La fuente.

Limpieza a través de su sangre y perdón de pecados. La purificación viene por la Palabra junto a la obra regeneradora del Espíritu Santo

Orientación adecuada

El tabernáculo miraba hacia el este, hacia Jerusalén. El tabernáculo estaba orientado hacia el oriente. El este es el lugar geográfico por donde sale el sol.

El lino fino simboliza el cuerpo visible de Cristo puro y sin pecado.

Nuestra mirada siempre tiene que estar fija en la esperanza de gloria, nuestra casa celestial, la Nueva Jerusalén. Por lo tanto las puertas tenían que ser también orientadas hacia el este, alineadas las otras dos de adentro hacia el mismo lugar .

Para que se sepa desde el nacimiento del sol, y hasta donde se pone, que no hay más que yo; yo Jehová, y ninguno más que yo. Isaías 45:6

Cada vez que el tabernáculo era levantado en un sitio diferente, Dios ordenó que las 12 tribus de Israel colocaran su tiendas alrededor de él en un orden específico. Números 2:1-34

En el este: Judá, Isacar y Zebulón
En el sur: Rubén, Simeón y Gad
En el oeste: Ephraim y Manasés (los hijos de José) y Benjamín
En la cara del norte: Dan, Aser y Naphtali

Los levitas ocupaban el primer lugar alrededor del tabernáculo. Números 1:53

Moisés también era de la tribu de Leví. Un varón de la familia de Leví fue y tomó por mujer a una hija de Leví. Éxodo 2:1

C) Los pilares

Cada poste estaba forrado en su tope de plata. En las bases de bronce, con hilo hecho de pelo de cabra, atornillado presionado al clavo o estaca semienterrada a la tierra.

Los 60 pilares alrededor del tabernáculo. El número seis es número de hombre y el número diez de responsabilidad. Jesús se hizo hombre y cumplió con el mandato que el Padre, antes de la fundación del mundo, le había encargado hacer. En las áreas que fallamos en nuestra responsabilidad para con Dios, él vino y las tomó, «él no ha fallado».

60 pilares = 6 número de hombre

* 10 número de responsabilidad = Jesús Hijo de Dios cumplió con el mandato que su Padre le había encomendado. En las áreas que fallamos en nuestra responsabilidad para con Dios, él vino y las tomó, «él no ha fallado» .

Cada pilar estaba constituido **de cinco** cosas.

1.- Madera de acacia
2.- Plata
3.- Bronce
4.- Cordel de pelo de cabra
5.- Estaca

C.1) La madera de acacia

Para que viva en adelante para siempre, y nunca vea corrupción.
Salmo 49:9

He aquí, amargura grande me sobrevino en la paz, mas a ti agradó librar mi vida del hoyo de corrupción; porque echaste tras tus espaldas todos mis pecados.
Isaías 38:17

Son varios los tipos que crecen en Egipto y Palestina, siendo la más común la a*cacia seyal.* Esta madera fue extensamente usada en la construcción del tabernáculo. La vemos en el arca del pacto, la mesa de los panes, en los dos altares y en los pilares. La madera de este árbol era y es muy apreciada por su ligereza, dureza, resistencia y durabilidad, es virtualmente incorruptible.

Viéndolo antes, habló de la resurrección de Cristo, que su alma no fue dejada en el Hades, ni su carne vio corrupción. Hechos 2:31

La madera de acacia del desierto es un tipo de la humanidad de Cristo, «*como raíz de tierra seca*» (Isaías 53:2). Su carne fue sin corrupción. Es la única madera que no se corroe. Cristo murió pero al tercer día resucitó. Su cuerpo no se descompuso.

Porque no dejarás mi alma en el Seol, ni permitirás que tu santo vea corrupción. Salmo 16:10

Esta madera es tipo de la perfección del Hijo de Dios viviente.

C. 2) La plata

Esta representa la redención perfecta hecha para nosotros.

Cristo nos redimió de la maldición de la ley, hecho por nosotros maldición. Gálatas 3:13

C. 3) La base de bronce

La base de bronce representa su sufrimiento.

*Puestos los ojos en Jesús, el autor y consumador de la fe, el cual por el gozo puesto delante de **él sufrió** la cruz, menospreciando el oprobio, y se sentó a la diestra del trono de Dios. Considerad a aquel que **sufrió** tal contradicción de pecadores contra sí mismo, para que vuestro ánimo no se canse hasta desmayar.* Hebreos 12:2-3

C. 4) Cordel de pelo de cabra

Desde arriba a abajo **el cordel de pelo de cabra retorcido** representa el pecado. Cristo se hizo pecado por nosotros.

Al que no conoció pecado, por nosotros lo hizo pecado, para que nosotros fuésemos hechos justicia de Dios en él. 2 Corintios 5:21

La Palabra declara que el macho cabrío era una ofrenda de pecado.

Y a los hijos de Israel hablarás diciendo: Tomad un macho cabrío para expiación, y un becerro y un cordero de un año, sin defecto, para holocausto. Levítico 9:3

Esta cuerda estaba amarrada a la estaca de bronce, enterrada solo hasta la mitad. Esta estaca representa Cristo en su muerte y resurrección. Aunque estuvo enterrado solo fue por un corto tiempo pues resucitó.

C. 5) La estaca

La estaca era de bronce y sostenía la cuerda retorcida de pelo de cabra. Solo estaba enterrada hasta la mitad. La estaca era sombra del futuro del cuerpo de Cristo que sufrió y resucitó. Él resucitó entre los muertos:

Su cuerpo aunque fue sepultado en la tierra al tercer día resucitó. Su cuerpo no vio corrupción.

Y el Dios de paz que resucitó de los muertos a nuestro Señor Jesucristo, el gran pastor de las ovejas, por la sangre del pacto eterno, os haga aptos en toda obra buena.
Hebreos 13.20-21

Y en cuanto a que le levantó de los muertos para nunca más volver a corrupción, lo dijo así: Os daré las misericordias fieles de David. Por eso dice también en otro salmo: No permitirás que tu Santo vea corrupción. Porque a la verdad David, habiendo servido a su propia generación según la voluntad de Dios, durmió, y fue reunido con sus padres, y vio corrupción. Mas aquel a quien Dios levantó, no vio corrupción.

Hechos 13: 34-37

Porque no dejarás mi alma en el Seol, ni permitirás que tu santo vea corrupción.

Salmo 16:10

Israel tenía todo el Evangelio en un poste, una cuerda y una estaca. Siendo así, ¿por qué Israel no lo podía ver?

Porque ellos veían todo eso como **una sombra.** Tenían un velo en sus rostros, (dice la Escritura que hasta el día de hoy lo tienen).

Hoy nosotros tenemos **la sustancia** de aquello que fue sombra. Jesucristo y su obra redentora cumplió paso a paso lo que estaba en figura haciéndolo realidad.

Si la gloria de Dios reposó sobre una sombra ¿cuánto más la gloria de Dios cubrirá aquellos que tienen la sustancia, el Cristo Salvador y su sangre preciosa a su disposición cada día?

Si el fuego cubrió lo que era sombra ¿cuánto más el fuego de Dios, que es su Santo Espíritu, abrazará nuestro cuerpo, que es templo del Espíritu Santo?

Y harán un santuario para mí, y habitaré en medio de ellos. Éxodo 25:8

Él habitó en **la nube.** Ella era la presencia del Dios vivo, la nube de la gloria se manifestaba como luz resplandeciente, como polvo de sus carruajes. Él bajó para habitar en medio de ellos durante el peregrinaje en el desierto.

Él habitó en **el fuego. Ese fuego** es el mismo *poder de Dios* que fue derramado en Pentecostés. Es el fuego de la presencia del Santo Espíritu. Ambos reposaron sobre el tabernáculo.

UNIDAD 3
LAS TRES PARTES DEL TABERNÁCULO

A) La puerta, el patio y los pilares.

Escribe las tres principales partes del tabernáculo, las del hombre y de Dios:

Tabernáculo	Hombre	Dios
1) _____	1) _____	1) _____
2) _____	2) _____	2) _____
3) _____	3) _____	3) _____

A.1) Las puertas
La primera puerta se llamaba: «_____» y estaba constituida por _____ de madera con una cortina de _____ colores. El velo exterior del tabernáculo se llamaba «_____». El velo interior se llamaba: _____.

****

Jesús le dijo: Yo soy el camino, y la verdad, y la vida; nadie viene al Padre, sino por mí. Juan 14:6

****

A. 2) La puerta del atrio

El tabernáculo estaba orientado hacia el _____ . Nuestra mirada siempre tiene que estar fija en la _____,
_____, la Nueva Jerusalén.

****

Para que se sepa desde el nacimiento del sol, y hasta donde se pone, que no hay más que yo; yo Jehová, y ninguno más que yo. Isaías 45:6

****

A. 3) Las cuatro columnas de la puerta

Las cuatro columnas nos habla de los _____.

Evangelios	Grupo de personas para el que fue escrito
1) _____	1) _____
2) _____	2) _____
3) _____	3) _____
4) _____	4) _____

A. 4) La cortina

La cortina de la puerta era de _____.
Los colores eran:

1) _____ 2) _____ 3) _____ 4) _____

****
*Entrad por sus puertas con acción de gracias, Por sus atrios con alabanza;
Alabadle, bendecid su nombre.* Salmo 100:4
****

El único medio de acceso al tabernáculo era por _____.
Esto nos enseña que necesitamos una _____
_____ que la de nosotros mismos. Esto manifiesta que la
j_____ condena a todos
los que no aceptan a Cristo como la _____para
entrar a la _____de Dios.

****
Yo soy la puerta; el que por mí entrare, será salvo. Juan 10:9
****

A. 5) Lino nombrado en la Biblia:

1) _____ sacerdotales

2) _____ del niño Samuel (consagrado para Dios)

3) David vestido de _____, danzando delante del arca.

4) _____ del tabernáculo.

5) La _____ del Cordero.

****

Y a ella se le ha concedido que se vista de lino fino, limpio y resplandeciente; porque el lino fino es las acciones justas de los santos. Apocalipsis 19:8

****

B. El patio

En el patio estaban los atrios. Estaban los 2 _____ _____ para prepararse para entrar en su _____.

a) _____

b) _____

C. Los pilares

Alrededor del tabernáculo habían 60 pilares. El número 6 es número de _____ y el número 10 de _____.
Jesús se hizo hombre y _____ con el mandato que el Padre antes de la fundación del mundo le había encomendado hacer.

Cada pilar estaba constituido de cinco cosas:

1) _____ 2) _____ 3) _____

4) _____ 5) _____

C. 2) La plata

Representa ____ _____ perfecta hecha para nosotros.

C. 3) La base de _____

Representa su _____.

****

Puestos los ojos en Jesús, el autor y consumador de la fe, el cual por el gozo puesto delante de él sufrió la cruz, menospreciando el oprobio, y se sentó a la diestra del trono de Dios. Considerad a aquel que sufrió tal contradicción de pecadores contra sí mismo, para que vuestro ánimo no se canse hasta desmayar. Hebreos 12.2-3

****

C. 4) Cordel de _____

De arriba a abajo el cordel de pelo de cabra retorcido representa el _____. Cristo se hizo _____ por nosotros.

****

Al que no conoció pecado, por nosotros lo hizo pecado, para que nosotros fuésemos hechos _____ de Dios en él. 2 Corintios 5:21

****

Esta cuerda estaba amarrada a la estaca de bronce, _____ solo hasta la mitad. Esta estaca representa _____ y _____.

****

Y el Dios de paz que _____ de los muertos a nuestro Señor Jesucristo, el gran pastor de las ovejas, por la sangre del pacto eterno, os haga aptos en toda _____ buena... Hebreos 13.20-2

****

C. 5) La estaca

La estaca era sombra del futuro _____de Cristo que sufrió
y r_____ .

Israel tenía todo el evangelio en:

• un p_____

• una c_____

• una e_____.

• Siendo así, ¿ por qué Israel no lo podía ver?

Porque ellos veían todo eso como una s_____.
Tenían un v_____ , en sus rostros.

Nosotros tenemos l_____ s_____ de aquello que
fue s_____.

Jesucristo y su obra redentora c_____ paso a paso lo que
estaba en f_____ haciéndolo r_____ .

a) ¿Qué me enseña la puerta y sus cuatro columnas?

_____
_____
_____
_____
_____
_____
_____
_____
_____

b) ¿Qué representan los cuatro colores?

_____

_____

_____

_____

_____

_____

_____

_____

c) ¿Qué explicación espiritual encuentro en los postes?

_____

_____

_____

_____

_____

_____

_____

_____

✎ Qué fue lo más destacado en esta unidad para mí.

_____

_____

_____

_____

_____

_____

_____

_____

LOS UTENSILIOS
DEL ATRIO

A) LOS VASOS DEL ATRIO

A. 1) El altar de sacrificio o el altar de bronce

Éxodo 27:1-8; 38:1-7
El altar de bronce era un altar de madera de acacia de 2.25 m. X 2.25 m. Su altura sería de 1.35 m. y tenía cuernos en sus cuatro esquinas. Todo el altar estaba cubierto de bronce. Con sus calderos para recoger la ceniza, y sus paletas, sus tazones, sus garfios y sus braseros. Todo de bronce. Tenía un enrejado de bronce con cuatro anillos para transportarlo con varas recubiertas de bronce.

Cuánto más la sangre de Cristo, el cual mediante el Espíritu eterno se ofreció a sí mismo sin mancha a Dios, limpiará vuestras conciencias de obras muertas para que sirváis al Dios vivo? Hebreos 9:14

Al cruzar la puerta lo primero que se encontraba era con **el altar del sacrificio.**
Lo primero que nos es revelado al entrar por la puerta es que Jesús se entrego y murió derramando su sangre por nuestros pecados. En el altar se sacrificaban corderos, carneros, machos cabríos, para cubrir el pecado del que traía la ofrenda, otras veces se hacía para cubrir el pecado del pueblo. En él se sacrificaba y se quemaba las partes internas del animal.

En quien tenemos redención por su sangre, el perdón de pecados según las riquezas de su gracia. Efesios 1:7

Mientras que el sacrificio de animales cubría el pecado, el sacrificio de Cristo tiene tres beneficios en el ser humano:

1. Nos perdona
2. Nos limpia
3. Nos justifica

• **Limpio:** tiene que ver con el presente
• **Perdón:** con el pasado
• **Justificación:** tiene que ver con el futuro

Siendo justificados gratuitamente por su gracia, mediante la redención que es en Cristo Jesús, a quien Dios puso como propiciación por medio de la fe en su sangre, para manifestar su justicia, a causa de haber pasado por alto, en su paciencia, los pecados pasados.
Romanos 3: 24-25

Pero si andamos en luz, como él está en luz, tenemos comunión unos con otros, y la sangre de Jesucristo su Hijo nos limpia de todo pecado. 1 Juan 1:7

Nos limpia de caídas y de errores. En Cristo tenemos el futuro asegurado. Su sangre nos asegura la limpieza y la entrada a su presencia, es decir, la vida eterna.

Si usted vive en obediencia, si vive para él, si lo ama y sirve a su Hijo, ya no puede vivir en pecado y menos planearlo o cobijarlo. Nosotros le fallamos porque somos débiles y caemos a veces, pero eso es sin querer o sin planearlo.

Por eso es que la sangre de Jesús nos limpia de los pecados que podemos cometer a diario.

Tanto como de un mal pensamiento como de una mala intención. Estos tipos de pecado afectan nuestra comunión con él, con respecto a esto el apóstol Juan nos dice:

Hijitos míos, estas cosas os escribo para que no pequéis; y si alguno hubiere pecado, abogado tenemos para con el Padre, a Jesucristo el justo. 1 Juan 2:1

El altar de sacrificio nos revela lo siguiente:

a) El poder de la sangre
b) Los efectos de la muerte

A. 2) Altar: lugar de matanza

La idea detrás de la palabra hebrea «el altar» es esencialmente «lugar de la matanza». Nuestro altar o nuestro lugar de matanza es la cruz, donde Jesús murió por nosotros, pero también donde nosotros morimos cada día para seguir sus pasos.

Nosotros no podemos experimentar el poder de Dios sin experimentar la muerte de la carne, es decir, al yo. ¡Debemos crucificar la carne!

Lo primero que veían los sacerdotes al entrar al patio era «la muerte».

Muchos se preguntan: ¿Cuál es el secreto de los

📖

Pues mucho más, estando ya justificados en su sangre, por él seremos salvos de la ira.
Romanos 5:9

☞

¿Qué pecado es más grande, el adulterio o la mentira?

✍

hombres ungidos de Dios? El secreto es morir. ¿Cómo se muere? Pablo era un hombre que había aprendido a morir a su propio yo y a su propia voluntad.

Os aseguro, hermanos, por la gloria que de vosotros tengo en nuestro Señor Jesucristo, que cada día muero.
1 Corintios 15: 31

Pablo fue un vivo ejemplo del morir diario al yo. Habiendo sido un hombre fuerte e impetuoso de carácter, orgulloso de su conocimiento e inteligencia, el Espíritu le revela al profeta Ananías y le dice:

Porque yo le mostraré cuánto le es necesario padecer por mi nombre. Hechos 9:15

Pablo es un ejemplo de la transformación y del modelarse a la imagen del hombre de Dios en el corazón y voluntad humana.

Pero cuantas cosas eran para mí ganancia, las he estimado como pérdida por amor de Cristo.
Filipenses 3:7-14

• Aquello a lo que antes daba valor y arriesgaba su vida, ahora lo tiene como pérdida por amor de su nombre.

• Todos su planes y conceptos, los da por perdidos, porque ahora ha alcanzado un conocimiento más elevado y más excelente.

• Si antes buscaba su propia satisfacción como hombre, dando valor a su propia inteligencia, ahora, eso lo pierde, dejándolo como basura, algo desechable, para ganar a Cristo, su propósito y su justicia, no la suya propia.

• Ya no podía refugiarse en la estirpe generacional, ni su religión a la cual había dedicado tanto tiempo de su vida. Ahora viviría por fe,

Lo primero que vemos al acercarnos a la cruz de Cristo crucificado, es el dolor y la muerte. Jesús mismo lo dijo: si alguno quiere venir en pos de mí, tome su cruz y sígame.

Porque si vivís conforme a la carne, moriréis; mas si por el Espíritu hacéis morir las obras de la carne, viviréis.
Romanos 8:13

dependiendo del invisible, pero visible en su mente al recordar la luz inmarcesible que lo cegó en lo físico, pero le abrió su entendimiento espiritual para conocerle y entender por el Espíritu el sacrificio de Cristo.

• Siendo semejante al maestro en su muerte, sabía que no era perfecto y que todavía no había alcanzado la meta. Pero logró poner su mente fija en la meta, aquella meta que le fue impregnada el día de la revelación: *YO SOY JESÚS a quien tu persigues.*

Sé vivir humildemente, y sé tener abundancia; en todo y por todo estoy enseñado, así para estar saciado como para tener hambre, así para tener abundancia como para padecer necesidad. Filipenses 4:12

La prueba más grande para un hombre es que le falten recursos económicos y pasar hambre. A Adán, el primer hombre, después de la caída se le encomendó trabajar la tierra para alimentarse. Pasar necesidad es un quebrantamiento penoso para la carne de cualquier ser humano. Pablo igual que su Señor fue probado en todo, y no solo Pablo, miles de hombres de Dios han muerto una y otra vez siendo así probados por Dios.

Para recibir más de él necesitamos de su presencia.

¿Cómo entonces comienza el proceso de muerte?

• En el altar de la entrega sin reservas, incondicionalmente a Dios.

• En el altar del ayuno y oración. Allí es donde doblegamos nuestra carne y ponemos toda nuestra vida y tiempo en su presencia.

• Presentando nuestro cuerpo como sacrificio vivo.

Ahí es donde comenzaremos a disfrutar de la plenitud de su presencia y de una vida victoriosa en Cristo.

Para una herencia incorruptible, incontaminada e inmarcesible, reservada en los cielos para vosotros.
1 Pedro 1:4

☞

Los propósitos de Pablo cambiaron para llegar a la meta prometida, al premio del supremo llamamiento de Dios en Cristo Jesús.

Mi alma tiene sed de ti, mi carne te anhela.
Salmo 63:1

Todo tiene que ser entregado en el altar. Si nuestro corazón está partido y amamos más «nuestros Isaac» *que al Señor, no somos dignos de él. En el altar es donde le entregamos todo a él, aun lo más íntimo, lo que más amamos.

A. 3) El altar tenía cuatro cuernos

En el altar se ataba la víctima antes de ser sacrificada. Estos cuernos se inclinaban hacia los cuatro puntos cardinales. Esto es el sacrificio de Cristo que fue a favor de todo el mundo, raza y color. Juan 3:16.
Estos cuernos eran recubiertos de bronce. Nosotros vimos anteriormente que el bronce significa sacrificio. Cristo se entregó voluntariamente como víctima y subió al Gólgota, lugar llamado Calavera por nosotros.

Nosotros también tenemos que abrazarnos o atarnos al cuerno **del altar de Dios** y convertirnos en sacrificio vivo, agradable y perfecto para Dios.

Así que, hermanos, os ruego por las misericordias de Dios, que presentéis vuestros cuerpos en sacrificio vivo, santo, agradable a Dios, que es vuestro culto racional. Romanos 12:1

El apóstol Pablo sabía muy bien a lo que se estaba refiriendo cuando decía «sacrificio vivo», él escribe en su carta a los Romanos *que no se conformaran a este siglo*, es decir, a la mentalidad de este mundo, lo cual sigue la corriente pecaminosa; sino que exhorta a renovar la mente cada día poniéndola como sacrificio vivo en el altar de Dios, para comprobar la voluntad perfecta y agradable a sus ojos.
También Pablo hace otra clara referencia en Gálatas 6:14: *Pero lejos esté de mí gloriarme, sino en la cruz de nuestro Señor Jesucristo, por quien el mundo me es crucificado a mí, y yo al mundo.*

Todo aquello que en sí mismo se podía gloriar, lo

Dios le pidió a Abram que entregase su hijo en sacrificio para él.

«Nuestro Isaac» representa «nuestros ídolos», aquello que Dios nos pide que entreguemos en sacrificio para probarnos.

Todo aquello que desplaza a Dios del corazón son «los Isaac», Dios nos pide entregárselos a él.

Esto era un simbolismo del sacrificio futuro de Jesús.

📖

Harás también una
fuente de bronce, con
su base de bronce,
para lavar; y la
colocarás entre el
tabernáculo de
reunión y el altar, y
pondrás en ella agua.
Y de ella se lavarán
Aarón y sus hijos las
manos y los pies.
Cuando entren en el
tabernáculo de
reunión, se lavarán
con agua, para que
no mueran; y
cuando se acerquen
al altar para
ministrar, para
quemar la ofrenda
encendida para
Jehová, se lavarán
las manos y los pies,
para que no mueran.
Y lo tendrán por
estatuto perpetuo él
y su descendencia
por sus
generaciones.
Éxodo 30: 18- 21

llevaba a la cruz de Cristo, crucificando su vanagloria, comparando el gloriarse, al mismo espíritu que se mueve en el mundo. El espíritu del ORGULLO, es decir, el YO.

B) La fuente o lavacro

Siguiendo por el patio después del altar de sacrificio se encontraba «la fuente» Esta tenía que ser elaborada de bronce y serviría para lavar los pies y las manos de los sacerdotes antes de entrar a la tienda o tabernáculo.

En todo el diseño del tabernáculo, Dios le da instrucciones específicas a Moisés en el Monte de cómo tenía que hacerlo, detalle por detalle. El material para hacerlo sería de los espejos de las mujeres.

También hizo la fuente de bronce y su base de bronce, de los espejos de las mujeres que velaban a la puerta del tabernáculo de reunión. Éxodo 38: 8

Santiago mismo, muchos años después, explica el enlace y da una clara referencia de esto. Todos aquellos que escuchan la Palabra, pero se olvidan y no la practican, dice que se comparan a un hombre que mira en un espejo su rostro y luego se olvida.

Mas el que mira atentamente en la perfecta ley, la de la libertad, y persevera en ella, no siendo oidor olvidadizo, sino hacedor de la obra, éste será bienaventurado en lo que hace. Santiago 1:25

Es decir, si escuchamos y prestamos atención a la Palabra de Dios y perseveramos en ella, no nos engañaremos a nosotros mismos, sino que llevaremos fruto. Los que la oyen solamente y no la guardan en su corazón cumpliéndola, se engañan ellos mismos.

Por eso vemos que la FUENTE hecha con los espejos de las mujeres juntamente con el agua, reflejaba el rostro del que se miraba, esto era sombra de la Palabra de Dios.

Esta Palabra del Dios viviente nos vivifica y nos renueva.
Primero hemos sido lavados en la sangre del Cordero, luego la Palabra nos vivifica. Si no crucificamos primero la carne, no podemos conocer el poder de la PALABRA.

Una vez que pasamos por el altar del sacrificio ya estamos limpios, pero ahora tenemos *que lavar los pies y las manos.* ¿Por qué? Porque los sacerdotes usaban un atavío hermoso, pero se les dijo que no podían usar calzado, para recordarles que aún tocaban el polvo, todavía tocaban tierra.

Eso nos recuerda que estamos lavados por la sangre del Cordero de Dios, pero todavía caminamos en esta tierra y estamos en contacto con el mundo y por eso necesitamos la Palabra para mirarnos en ella como un espejo y seguir perfeccionándonos día tras día. Ella es nuestra guía y nuestro modelo.

Los santos del antiguo pacto tenían que lavarse las manos y los pies en la fuente.

Si bien ahora no nos tenemos que lavar las manos porque no vivimos por obras sino por fe, sí tenemos que lavar nuestros pies, para que nuestro andar se preserve limpio al tocar el polvo de la tierra. El polvo es suciedad.

Jesús le recuerda a Pedro en especial esa necesidad. En San Juan 13 se nos narra que Jesús tomó un lebrillo y comenzó a lavarle los pies a sus discípulos.

*Entonces vino a Simón Pedro; y Pedro le dijo: Señor, ¿tú me lavas los pies? Respondió Jesús y le dijo: Lo que yo hago, tú no lo comprendes ahora; **mas lo entenderás después.***

Y sabiendo que había salido de Dios, y a Dios iba, se levantó de la cena, y se quitó su manto, y tomando una toalla, se la ciñó.
Luego puso agua en un lebrillo, y comenzó a lavar los pies de los discípulos, y a enjugarlos con la toalla con que estaba ceñido.

Los pies significan nuestro caminar o peregrinaje.

Las manos significan nuestras obras

Cuando llegó a Pedro, niega tal hecho humanamente, desde el plano que el Maestro no podía humillarse así delante de ellos, pero Jesús estaba profetizando y realizando el sustento de aquello que había sido por tantos años sombra.

*Pedro le dijo: No me lavarás **los pies jamás.** Jesús le respondió: Si no te lavare, no tendrás parte conmigo.* Muchos no le dan importancia a la Palabra como ella se merece. Jesús les está diciendo con sus hechos que nadie puede tener parte, es decir, acceso a su reino si no se lava en la FUENTE diariamente. Cuando Pedro oye eso dice:

Señor, no solo mis pies, sino también las manos y la cabeza.

Aún Pedro no estaba entendiendo la lección porque todo aquello había sido sombra, pero ahora Jesús les estaba mostrando la realidad. *Jesús le dijo: **El que está lavado, no necesita sino lavarse los pies.***
Nos es necesario cada día mirarnos en el espejo de la Palabra y limpiarnos con el agua que es la Palabra, Espíritu y Verdad. El agua tiene dos funciones principales: nos vivifica y nos limpia.

B.1) Unidad en la Palabra: agua

• Vemos que tres son los que dan testimonio en la tierra.

Tres son los que dan testimonio en la tierra: el Espíritu, el agua y la sangre; y estos tres concuerdan. 1 Juan 5:8

No podemos amar la sangre y despreciar la Palabra, no podemos amar la Palabra y resistir al Espíritu de Dios. Estos tres concuerdan.

• Necesitamos el altar de sacrificio y juntamente con la fuente, la Palabra que nos ayuda a crecer espiritualmente saludables.

Esta es la verdad central de la FUENTE en el patio del tabernáculo. Estamos lavados en la sangre del cordero y permanecemos en él pero los pecados diarios, el polvo que nos contamina.

Afligido estoy en gran manera; Vivifícame, oh Jehová, conforme a tu palabra.
Salmo 119: 107

- La sangre nos limpia y nos purifica
- La Palabra nos vivifica
- El Espíritu de Dios nos renueva.

*Nos salvó, no por obras de justicia que nosotros hubiéramos hecho, sino por su misericordia, por el lavamiento de la **regeneración** y **por la renovación** en el Espíritu Santo.* Tito 3:4

B. 2) ¿Qué fue lo que hizo Jesús por mí en la cruz del calvario?

- **Nos redimió**

REDENCIÓN: Es «*liberar mediante el pago de un precio*».
Veamos una de las tantas acepciones (más de treinta) expresiones del griego:

1. Agorazo: significa comprar en el mercado al esclavo.

2. Exagerado: comprar y sacar del mercado al esclavo.

3. Lutroo: poner en libertad (soltar) mediante el pago de un precio, quitándole las cadenas al esclavo.

- **Él fue nuestra expiación**

EXPIACIÓN: *Cubrir* (en el Antiguo Testamento); *quitar* (en el Nuevo Testamento).

- *Cubrir:* **Romanos 4:7:** *Bienaventurados aquellos cuyas iniquidades son perdonadas, y cuyos pecados son cubiertos.* Salmos 85:2

- *Quitar:* Hebreos 9:23-26 (comparar 9:11-15).

- **Fue nuestro propiciatorio**

PROPICIACIÓN: *El lugar del sacrificio* (gr: jilas-terión); *el sacrificio* (gr: jilasmós). Poner una base

Cristo es:

Nuestra redención

Nuestra expiación

Nuestro propiciatorio

Porque la sangre de los toros y de los machos cabríos no puede quitar los pecados (solo los cubría).
Hebreos 10:4

para que Dios mostrara misericordia en conformidad con su justicia.

Una vez que nos limpiamos de nuestros pecados diarios estamos listos para pasar por la segunda puerta y entrar al Santo Lugar. Al entrar encontramos la revelación de la verdad.

Unidad 4
Los utensilios del atrio

A.1) El altar de sacrificio o el altar de bronce
El altar de bronce era de _____ de _____ y
tenía _____ en sus esquinas. Estaba cubierto de bronce.
Este material simboliza s_____.
Al cruzar la puerta lo primero que se encontraba era con
«_____».
Lo primero que nos es _____ al entrar por la
puerta que es que Jesús se entrego y murió, _____ su
_____ por nuestros pecados. Esto se hacía para
_____ el pecado del que traía la ofrenda, otras veces
para _____ el pecado del pueblo.

****

En quien tenemos_____ por su sangre, el perdón de pecados
según las _____ de su gracia. Efesios 1:7

****

Mientras que el sacrificio de animales solo cubría el pecado, el sacrificio de Cristo tiene tres beneficios en el ser humano.
Escribir los tres beneficios junto al tiempo (pasado, presente, futuro) al
que hace referencia:

Beneficio	Tiempo
1) Nos_____	1) _____
2) Nos _____	2) _____
3) Nos _____	3) _____

Simbolismo   **Evangelio**
Jesús era el Hijo de Dios   _____
Jesús era Rey   _____
Jesús el Salvador   _____
Jesús Hijo del Hombre sin pecado _____

El altar de sacrificio nos revela:
a) el _____
b) los_____

A. 2) Lugar de la matanza

Nuestro _____ o nuestro _____ de _____
es la cruz, donde Jesús murió por nosotros; pero también donde
nosotros _____ cada día para seguir sus pasos.

No podemos experimentar el poder de Dios sin experimentar la
_____ a sí mismo, es decir, al _____.

Debemos _____ la carne!

Los primero que veían los sacerdotes al entrar al patio era «_____
_____».

****

Porque si vivís conforme a la carne, moriréis; mas si por el Espíritu hacéis
morir las obras de la carne, viviréis. Romanos 8:13

****

• Pablo fue un _____ del _____ diario al yo.

Pablo es un ejemplo de la transformación y del _____ del
hombre de Dios en el _____ y _____ humana.

• Aquello que antes le daba valor y arriesgaba su vida, ahora lo tiene
_____ por amor de su nombre.

• Todos su planes y conceptos los da por perdidos porque ahora ha alcanzado un _____ más elevado y más _____.

• Ya no podía refugiarse en la estirpe generacional, ni su religión, sino que
ahora _____, dependiendo del invisi-
ble, aunque visible en su mente, al recordar la luz que lo cegó en lo físico
pero le abrió su _____ para conocerle y
entender por el Espíritu el _____ de Cristo.

• Siendo semejante al maestro en su muerte, sabía que no era _____
_____ y que todavía no había _____la meta. Pero
logró poner su _____ fija en la meta, aquella meta que le fue
impregnada el día de la revelación. «YO SOY JESÚS a quien tú persigues».

****

Sus _____ cambiaron para llegar a la meta
prometida, al _____ del supremo llamamiento de Dios
en Cristo Jesús.

****

El proceso de muerte comienza en:

• En el altar de la _____ sin _____,
incondicionalmente a Dios.

• En el altar del _____ y _____. Allí es donde doblegamos
nuestra carne y ponemos toda nuestra vida y tiempo en su presencia.

• Presentando nuestro _____.
Ahí es donde comenzaremos a disfrutar de la _____
de su presencia y una vida _____en Cristo.
En el altar es donde le e_____a él, aun lo más r_____.

A. 3) Los cuernos del altar
El altar tenía _____ cuernos en los que se ataba a la víctima
antes de ser sacrificada. Estos cuernos se inclinaban hacia los
_____ puntos_____. Nosotros tam-
bién tenemos que _____ al cuerno del altar de Dios y
convertirnos en_____ agradable y _____.

****
*Así que, hermanos, os ruego por las misericordias de Dios, que presentéis
vuestros cuerpos en sacrificio vivo, santo, agradable a Dios, que es vuestro
culto racional.* Romanos 12:1
****

B) LA FUENTE O LAVACRO
Esta fuente servería para _____ y _____
de los sacerdotes antes de entrar a la tienda.
El material para hacerlo sería los _____ de las _____.

Explicar la conexión de estos espejos con la palabra, según Santiago.
_____
_____

****
*Mas el mira atentamente en la perfecta ley, la de la libertad, y persevera en
ella, no siendo _____ olvidadizo, sino _____ de la
obra, éste será bienaventurado en lo que hace.* Santiago 1:25
****

Por eso vemos que la FUENTE _____ el _____ del
que se miraba, esto era _____ de la Palabra de Dios.

****
*Cuando entren en el tabernáculo de reunión, se lavarán con agua, para que no
mueran; y cuando se acerquen al altar para ministrar, para quemar la ofrenda
encendida para Jehová, se lavarán las _____ y
los_____, para que no mueran. Y lo tendrán por estatuto perpetuo él y su descendencia por sus generaciones.* Éxodo 30:20-21
****

Una vez que pasamos por el altar del sacrificio, ya estamos limpios pero ahora tenemos que lavar los_____ y las
_____. Los sacerdotes no usaban calzado para recordar que aún tocaban el _____.
• Los_____ significan nuestro caminar o peregrinaje.
• Las_____ significan nuestras obras.
Tenemos que lavar diariamente nuestros _____, para que nuestro _____ se preserve limpio al tocar el polvo de la tierra.

****

Entonces vino a Simón Pedro; y Pedro le dijo: Señor, ¿tú me lavas los pies? Respondió Jesús y le dijo: Lo que yo hago, tú no lo comprendes ahora; mas lo entenderás después. Juan 13:6-7

****

Estamos lavados en la Sangre de Cristo pero todavía _____
_____ en esta tierra y el polvo nos contamina. Cada día tenemos que_____ con el agua que es la _____.
El agua tiene dos funciones principales: nos v_____y nos l_____.

****

Afligido estoy en gran manera; vivifícame, oh Jehová, conforme a tu palabra. Salmo 119:107

****

Explicar las palabras relacionadas con la REDENCIÓN
_____
_____
_____

¿Qué representa para ti el altar del sacrificio? _____
_____
_____
_____
_____

¿Por qué Pedro no quería dejarse lavar los pies por el maestro?
_____
_____
_____
_____

UNIDAD 5

LUGAR SANTO

A) LA SEGUNDA PUERTA

Esta puerta también se llamaba la puerta de la «reconciliación». A diferencia de la primera esta tenía cinco columnas.

Estas cinco columnas son los cinco ministerios dados por Dios a la Iglesia:

- Apóstoles
- Profetas
- Pastores
- Maestros
- Evangelistas

Estos cinco ministerios los podemos comparar con los cinco dedos de la mano de Dios.

El pulgar es el que todo lo abarca: el **Apóstol de Dios.** El índice señala: «así dice el Señor», representa al **profeta.** El tercero (el más largo), va a todo el mundo alcanzando las almas, es el **evangelista.** El **pastor** es el dedo «gentil»; el último es el **maestro** el que puede entrar en las áreas pequeñas (por ejemplo en el oído).

Estos cinco dedos componen la mano del Dios vivo que es la que actúa en el cuerpo de Cristo que es la iglesia.

Cando la Iglesia tiene activos estos cinco ministerios llegamos a la revelación y alcanzamos siete resultados.

Estos ministerios producirán en la iglesia de Jesucristo:

- Madurez progresiva
- Estabilidad en la fe
- Fundamentos estables para arraigarnos en él
- Libres de las artimaña del engaño
- Sensibilidad en el discernimiento
- Amor por la verdad revelada
- Instrumentos de armonía y unidad

Harás para la puerta del tabernáculo una cortina de azul, púrpura, carmesí y lino torcido, obra de recamador. Y harás para la cortina cinco columnas de madera de acacia, las cuales cubrirás de oro, con sus capiteles de oro; y fundirás cinco basas de bronce para ellas.
Éxodo 26:37-37

A.1) Lugar de alabanza, santo lugar

En el Lugar Santo es donde encontramos satisfacción en su presencia, donde lo profundo de nuestras vidas es tocado, nuestro corazón.

Dentro de Lugar Santo había tres muebles:
• El candelero
• La mesa de los panes de la proposición
• El altar del incienso que estaba frente al velo.

B) EL CANDELERO

Éxodo 25:31-40; 37:17-24

Era un candelero de oro puro sólido que estaba formado por una columna central, de ella procedían tres brazos de cada lado formando siete lámparas que pertenecían a un solo candelero. Tanto la caña central como los brazos estaban decorados con copas, flores de almendro y manzanas. Todo en conjunto pesaba unas setenta libras.

Se hallaba en medio y a la izquierda del Lugar Santo y permanecía encendido todo el tiempo iluminando este recinto.

Cuando llegamos al Lugar Santo dejamos de ver el bronce para encontrarnos con el oro fino, nos encontramos con la gloria de Dios, con su deidad, con su santidad, con su revelación. Esta revelación es la luz que ilumina la mente para ver lo espiritual.

En Dios ha existido siempre la luz, Dios es luz y no hay sombra de variación en él. Dice que Dios ilumina en la santa ciudad y el cordero es su lumbrera, «*no tienen necesidad de luz, de lámpara, ni de luz del sol, porque Dios el Señor los iluminará; y reinarán por los siglos de los siglos*».

En su construcción se destacan tres aspectos:
• Era de una sola pieza
• Era labrado a martillo
• Era de oro

Porque el tabernáculo estaba dispuesto así: en la primera parte, llamada el Lugar Santo, estaban el candelabro, la mesa y los panes de la proposición.

El candelero representa a Cristo LA LUZ DEL MUNDO.
Hebreo 9:2

Otra vez Jesús les habló, diciendo: Yo soy la luz del mundo; el que me sigue, no andará en tinieblas, sino que tendrá la luz de la vida.
Juan 8:12

Al ser de **una sola pieza** representa a Cristo la cabeza y la iglesia, un mismo cuerpo. Efesios 2:5: *Dios ... nos dio vida juntamente con Cristo. Y vosotros estáis completos en él.* Colosenses. 2: 9

Trabajar el oro a martillo es una obra primorosa por el artista. Dios es el perfecto alfarero. El **labrado a martillo** significa el dolor y sufrimiento de Cristo en la cruz. Al insertarles los clavos en las manos y en los pies, vemos el dolor y el padecimiento de Cristo. Isaías nos dice:

«Cristo fue varón de dolores experimentado en quebrantos». «Con todo eso, Jehová quiso quebrantarlo, sujetándole a padecimiento». «Herido por nuestras rebeliones, molido por nuestros pecados».

Era de oro puro, Cristo y su obra nos revela *«que fue declarado Hijo de Dios con poder, según el Espíritu de santidad, por la resurrección de entre los muertos»,* Romanos 1:4. Así como él fue santo, se requiere que sus redimidos también sean santos.

La Biblia dice de los santos: *«Perfeccionando la santidad en el temor de Dios».* Si la constitución de Cristo fue sin mancha y sin pecado, por su muerte en la cruz podemos vivir agradándole a él en todo. Porque: *«Sin santidad nadie vera al Señor».*

Jesús es la luz del mundo, y él vino para que no anduviéramos más en tinieblas. Si alguien anda en tinieblas, el amor de Dios no mora en su corazón. El candelero tenía siete brazos que representa la plenitud de los siete espíritus de YHVH sobre Cristo el ungido.

Y reposará sobre él:
• Espíritu de Jehová;
• Espíritu de sabiduría
• De inteligencia,
• Espíritu de consejo
• De poder
• Espíritu de conocimiento
• De temor de Jehová

Porque así dijo el Alto y Sublime, el que habita la eternidad, y cuyo nombre es el Santo: Yo habito en la altura y la santidad, y con el quebrantado y humilde de espíritu, para hacer vivir el espíritu de los humildes, y para vivificar el corazón de los quebrantados.
Isaías 57:15

El aceite era el que alimentaba la mecha que daba luz. De la misma manera, Jesús fue ungido más que sus compañeros con la unción del Santo Espíritu de Dios.

La Palabra viva, que es Espíritu y verdad, era la que salía de la boca de Jesús, y libertaba. De la misma manera, el que recibe a Cristo, tiene la revelación de su Espíritu que es la luz de la Palabra de Dios, que lo hace libre de la esclavitud del enemigo.

C) LA MESA DE LOS PANES DE LA PROPOSICIÓN

Éxodo 25:23-30; 37:10-16

Era una mesa de madera de acacia de 0.90 m. x 0.45 m. x 0.67 m., recubierta de oro puro, con anillos en las esquinas, por los que se metían varas cubiertas de oro para llevarla. Sus utensilios eran: platos, cucharas, cubiertas y tazones, todos de oro, para efectuar las libaciones (versículos 23-29). Sobre la mesa se desplegaban los panes ante Dios.

Y tomarás flor de harina, y cocerás de ella doce tortas; cada torta será de dos décimas de efa. Levítico 24:5-9

Los panes tenían que ser ... *tortas planas, en dos hileras de seis, cada una acompañada de incienso puro. Pondrás también sobre cada hilera incienso puro, y será para el pan como perfume, ofrenda encendida a Jehová.*

El pan de la proposición es tipo de Jesús, el Pan de vida, que alimentaba al sacerdote, siervo de Dios.

Ahora cada creyente ha sido instituido sacerdote para Dios. Y tiene el derecho legal de participar de la mesa del Señor. Cada día se ponía en la mesa, pan fresco, en nombre de los hijos de Israel y comido solo por los sacerdotes: Aarón y sus hijos, en circunstancias normales.
Mas vosotros sois linaje escogido, real sacerdocio. 1 Pedro 2:9

Cuando vemos la palabra Espíritu de YHVH en mayúscula, vemos que es el mismo Espíritu de YHVH que se reveló a Moisés que es el Espíritu del Dios vivo, YO SOY el que liberó al pueblo. Jesús tuvo el mismo Espíritu de poder y liberación para su pueblo.

📖

Las palabras que yo os he hablado son espíritu y son vida.
Juan 6:36

Harás asimismo una mesa de madera de acacia; ... la cubrirás de oro puro, y le harás una cornisa de oro alrededor.

La palabra de Dios tiene que ser leída cada día para recibir el crecimiento espiritual. Como el pan hecho de cereal da alimento al cuerpo del ser humano, y es un elemento importante en la nutrición, así es la Palabra al espíritu.

Jesús se confrontó con la incredulidad de los religiosos de su tiempo. Dudaban de su divinidad. Jesús tuvo que hablarles abiertamente para que entendieran la verdad concerniente a su humanidad. **Yo soy el pan del cielo.** Juan 6:33-58. *De cierto, de cierto os digo: El que cree en mí, tiene vida eterna.*
Vuestros padres comieron el maná en el desierto, y murieron. Este es el pan que desciende del cielo, para que el que de él come, no muera. Juan 6:47-51
Jesús es el pan de vida. Todo creyente que ha comido de él no tiene hambre porque conoce la verdad. Él es la Palabra viva, el verbo de Dios en acción.
Juan 1:1. El verbo (*logos*) es el accionar, Jesús fue la sustancia de lo que antes había sido sombra.
Este pan era de acción de gracias porque las tribus de Israel habían recibido de Dios el pan cotidiano, el maná del cielo.

Tenía un aroma dulce pero de gusto era amargo, ¿por qué?

C.1) Este pan tenía que ser cubierto con el aroma del incienso

• El incienso era amargo aunque agradable de olor. Cristo nuestro pan de vida fue en su humanidad sin pecado.

El Espíritu de Dios reposará sobre aquellos que son vituperados y perseguidos. Él prometió enviar al consolador para fortalecer y revelar a Cristo en cada momento difícil de la vida.

• El pan tenía que ser perfumado para transformarse en ofrenda encendida a Jehová.

Yo soy el pan vivo que descendió del cielo; si alguno comiere de este pan, vivirá para siempre; y el pan que yo daré es mi carne, la cual yo daré por la vida del mundo.

Yo soy el pan de vida

Este pan tenía que ser cubierto con el aroma del incienso.

Sobre él cayó el vituperio de la muerte, y en la cruz le dieron a beber mirra mezclado con vino, para apaciguar el sufrimiento, pero Cristo no lo tomó.

La vida de Cristo fue un olor fragante para el Padre, su testimonio nos fue dado para seguir sus pisadas. No podemos decir que somos cristianos si no tenemos la vida de Cristo en nosotros.

D) Altar del Incienso

Harás asimismo un altar para quemar el incienso; de madera de acacia lo harás. Y lo cubrirás de oro puro, su cubierta, sus paredes en derredor y sus cuernos; y le harás en derredor una cornisa de oro. Éxodo 30:1-3

Este altar tenía que ser hecho de madera de acacia cubierto de oro. La madera de acacia representa la fortaleza, la dureza, el cuerpo de Jesús que no vio corrupción.

• **El oro** representa su divinidad y santidad, tanto en su cuerpo como en toda su Deidad, y todo aquello que lo rodea su presencia, su gloria, su trono, su hermosura y su obra expiatoria. El oro representa todo esto en su pureza y santidad.

En este altar se debía quemar **incienso aromático,** por las mañanas y por las noches. Tenía que quemar permanentemente perfume en el altar para llenar el Lugar Santo del mismo, es decir, **adoración continua al Señor.**

El Salmo 96:9 nos dice que «*debemos adorar al Señor en la hermosura de la santidad*». También el Apóstol Judas nos dice: *Pero vosotros, amados, edificándoos sobre vuestra santísima fe, orando en el Espíritu Santo.*

Si entramos en el Lugar Santo es señal que maduramos y usamos la oración en el Espíritu como una clase de vida normal en su vida cristiana.

D.1) En el cielo la adoración es continua

Cuando hubo tomado el libro, los cuatro seres vivientes y los veinticuatro ancianos se postraron delante del Cordero; todos tenían arpas, y copas de

La mirra representa el sufrimiento.

Y le dieron a beber vino mezclado con mirra; mas él no lo tomó.
Marcos 15:23

Si sois vituperados por el nombre de Cristo, sois bienaventurados, porque el glorioso Espíritu de Dios reposa sobre vosotros.
1 Pedro 4:14

Jesús es pan de vida, él es nuestra satisfacción espiritual.

oro llenas de incienso, que son las oraciones de los santos. Apocalipsis 5:8

*Otro ángel vino entonces y se paró ante el altar, con un incensario de oro; y se le dio **mucho incienso** para añadirlo a las oraciones de todos los santos, sobre el altar de oro que estaba delante del trono.*
Y de la mano del ángel subió a la presencia de Dios el humo del incienso con las oraciones de los santos. Apocalipsis 8:3-4

En la tradición judía se acostumbraba orar dos veces al día. Mañana y noche. Daniel era un profeta que oraba tres veces al día, estando en exilio y lejos de Jerusalén lo solía hacer como disciplina espiritual, esto es símbolo del altar del incienso.

*Aun estaba hablando en oración, cuando el varón Gabriel, a quien había visto en la visión al principio, volando con presteza, vino a mí como a la hora del **sacrificio de la tarde.*** Daniel 9:21

E) COMPONENTES DEL INCIENSO SANTO, ARTE DEL PERFUMADOR

E.1) Especies aromáticas

Dijo además Jehová a Moisés: Toma especias aromáticas, estacte y uña aromática y gálbano aromático e incienso puro; de todo en igual peso, y harás de ello el incienso, un perfume según el arte del perfumador, bien mezclado, puro y santo. Éxodo 30:34

- Estacte
- Uña aromática
- Gálbano aromático
- Incienso puro

Estacte: Indudablemente bálsamo que sale goteando de un árbol. Goma del estoraque. En hebreo *(nataph)* «una gota».
Uña aromática: Se trataba del opérculo de la concha de un molusco, el estrombo. Despedía perfume al ser quemado.

Lo pondrás delante del velo que está junto al arca del testimonio, delante del propiciatorio que está sobre el testimonio, donde me encontraré contigo. Y Aarón quemará incienso aromático sobre él; cada mañana cuando aliste las lámparas lo quemará. Y cuando Aarón encienda las lámparas al anochecer, quemará el incienso; rito perpetuo delante de Jehová por vuestras generaciones.
Éxodo 30:6-8

Suba mi oración delante de ti como el incienso, el don de mis manos como la ofrenda de la tarde.
Salmo 141:2

Gálbano: Resina de color amarillo tostado que se produce en las raíces del arbusto que crece en Siria y Turquía. Perfume seco y verde. Se extraía destilándolo al vapor. Su aroma es fuerte leñoso y seco. El aceite de gálbano es un excelente fijador de aroma. Hoy se utiliza para inhalaciones vaporizaciones y fricciones. Su aroma es muy agradable.

Incienso: Resina perfumada o goma resinosa extraída de la corteza de los árboles del Líbano, que crecen de forma salvaje al oeste Hindú, el noreste africano y el sur de Arabia Saudita. En primer lugar se hace unas incisiones en la corteza del árbol para que surja a la superficie la resina. Una vez sacada se procesa. Antiguamente se dejaba secar difundiendo un olor balsámico al ser quemadas. Hoy se destila para obtener el aceite puro. Actualmente es un aceite antiséptico, astringente, cicatrizante.

E.2) Olor fragante para Dios

La mayoría de las especies aromáticas son sacadas de la incisión de la corteza de un árbol. Esto nos muestra, «el quebrar para dejar libre»; el sacrificio de amor de Cristo es como olor fragante.

a) Cristo fue herido por nuestras transgresiones. En Efesios nos dice que *Cristo se entregó a sí mismo por nosotros, ofrenda y sacrificio a Dios en olor fragante.*

b) Pablo en Corintios nos exhorta para andar en amor **para dar olor de vida**. Para amar hay que entregarse a sí mismo por los demás. Este es el verdadero «Amor Ágape».

Mas a Dios gracias, el cual nos lleva siempre en triunfo en Cristo Jesús, y por medio de nosotros manifiesta en todo lugar el olor de su conocimiento… olor de vida para vida.

Pero todo lo he recibido, y tengo abundancia; estoy lleno, habiendo recibido de Epafrodito lo que enviasteis; olor fragante, sacrificio acepto, agradable a Dios. Mi Dios, pues, suplirá todo lo que os falta conforme a sus riquezas en gloria en Cristo Jesús.

F) EL ACEITE DE LA UNCIÓN
Éxodo 30: 23-33

El aceite de la unción fue una parte importante dentro del servicio a Dios en el tabernáculo. Fue dado como todas las demás cosas específicamente por Dios a Moisés con medidas exactas y reglas exactas.

El aceite es mencionado con frecuencia en las Escrituras como emblema de santificación. Así como el untar con él como señal de separación de objetos o personas para el servicio de Dios. Fue prescrito por autoridad divina, y los variados ingredientes en su compuesto descriptos por Dios serían para consagrar (separar) para Dios tanto los muebles y utensilios, como las personas, para ser santificadas a Dios.

F.1) Para su composición se debería de usar:

- **mirra** *excelente: quinientos siclos*
- **canela aromática** *:la mitad, esto es, doscientos cincuenta*
- **cálamo aromático:** *doscientos cincuenta*
- **casia** *:quinientos, según el siclo del santuario*
- **aceite de olivas:** *un hin*

La mirra era una goma fragante resinosa y medicinal, sacada de un pequeño árbol que crecía en Arabia. Era una sustancia amarga y tenía que ser pura. Al echarle mirra a la composición de la unción daba flexibilidad al componente.

La mirra significa la amargura y sufrimiento de Cristo en la cruz. El Señor llamó a sus seguidores a tomar su cruz y seguirle. Este es un acto de entrega incondicional al llamado divino y a su voluntad. Nunca podremos fluir poderosamente en su unción divina si no estamos dispuestos a sufrir por Cristo.

En la vida de Cristo la encontramos en tres oportunidades bien marcadas:

El aceite de la unción es símbolo del Espíritu Santo de Dios que se derrama en los corazones.

Unges mi cabeza con aceite; mi copa está rebosando.
Salmo 23:5

1. En su nacimiento: le fue traída como regalo por los magos de Oriente. Mateo 2:11
2. En la cruz le dieron a beber. Marcos 15:23
3. Nicodemo trae compuestos de mirra y áloes para el cuerpo de Jesús en su sepultura.

La canela aromática: Es producida por una especie de laurel que crece a una altura de veinte pies. Esta especie se extraía de la corteza interna. Este elemento le daba sustancia al aceite.

• En hebreo esto tiene que ver con firmeza y estabilidad.

• Debemos mantener una vida equilibrada en Dios para mantener la unción dentro de nosotros y no dejarnos influenciar por la amargura de la vida. Las actitudes difíciles de cada día debemos afrontarlas con la dulzura del carácter de Cristo en nosotros. Debemos enfrentarnos a la crítica y murmuración con un carácter manso.

Cálamo aromático es un tipo de caña la cual desprendía un olor muy fuerte. Era un producto de Arabia y la India se caracterizaba por su color rojizo.

• La palabra cálamo en el original hebreo nos da una idea de balance y equilibrio.

• La genuina unción requiere de un balance de estabilidad espiritual y de carácter equilibrado en todos los aspectos, tanto en lo que hacemos, como en lo que decimos. Nuestro actuar tiene que ser semejante a lo que predicamos o enseñamos.

Casia: De la misma especie del árbol de la canela. Algunos piensan que se extrae de la corteza superior de la misma.
• Da idea de doblegar y humillar; cuando se doblega un cuerpo en señal de reverencia.
• Esto nos habla de la humildad, algo que debe ser característico de toda persona en la que fluye

> Su dulzura y compasión en nosotros es su amor incondicional que nos ayuda a soportar las dificultades más amargas de la vida.

la verdadera unción. Visto en Moisés y en Jesús.

El aceite de oliva. La palabra oliva deriva de brillo, iluminación, alegría. La unción causa alegría, la palabra nos dice que extenderá sobre nosotros, el manto de alegría como cobertura. Isaías 61:3

F.2) Las reglas eran:

• Tenía que ser **superior ungüento**, según el arte del perfumador.
• Con este aceite se tenía que **ungir** el tabernáculo y **todos los utensilios**.
Ungirás también a **Aarón y a sus hijos.**
• Este **será** mi aceite de la santa unción por **vuestras generaciones.**
• Sobre **carne** de hombre **no será derramado.**
• **No haréis otro semejante** a su composición.
• Santo es, y **por santo lo tendréis** vosotros.
• Cualquiera que compusiere ungüento semejante y **pusiere** de él **sobre extraño será cortado** del pueblo de Dios.

F.3) Condición en donde sería derramado:

No será derramado sobre carne alguna. Dios consideraba este aceite como algo muy santo y esperaba que su pueblo lo viera de la misma forma. Su uso estaba restringido por Dios solo para:

• Reyes
• Sacerdotes
• Profetas

Cristo en su muerte nos hizo reyes y sacerdotes para ministrar las cosas santas de Dios.
F.4) Cómo mantener la unción de Dios

Una cosa es recibir la unción, pero otra cosa es poder mantenerla y manifestarla para bendición de otros. Dice en Eclesiastés 9:8: *En todo tiempo sea blancos tus vestidos y nunca falte ungüento sobre tu cabeza.*

A ordenar que a los afligidos de Sion se les dé gloria en lugar de ceniza, óleo de gozo en lugar de luto, manto de alegría en lugar del espíritu angustiado; y serán llamados árboles de justicia, plantío de Jehová, para gloria suya.

Pero vosotros tenéis la unción del Santo, y conocéis todas las cosas.
1 Juan 2:20

📖

Pero la unción que vosotros recibisteis de él permanece en vosotros, y no tenéis necesidad de que nadie os enseñe; así como la unción misma os enseña todas las cosas, y es verdadera, y no es mentira, según ella os ha enseñado, permaneced en él.

1 Juan 2:27

El secreto de una vida llena del Espíritu Santo es permanecer en comunión íntima con Dios cada día, permaneciendo escondidos en Cristo, y en su palabra bendita.

• La unción debe ser más que una experiencia, **debemos convertirnos en un depósito limpio y santo** donde el río de Dios continuamente fluya. Nuestra actitud debe ser cuidar y mantener lo que tenemos, usarlo en toda oportunidad que Dios nos dé y trabajar y esforzarnos para que se acreciente.

• El poder manifestar una poderosa unción en nuestras vidas dependerá en gran medida de cómo **administramos responsablemente la gracia que el Señor nos ha dado.** La Biblia dice que somos administradores de los misterios de Dios.

1 Corintios 4:1 añade lo siguiente: Ahora bien se requiere de los administradores, que cada uno sea hallado fiel.

• Siempre tenemos que recordar que somos un depósito de la unción, no la producimos, esta es la razón por la **que tenemos que depender de Dios continuamente** y vivía en una relación íntima de comunión con él.

UNIDAD 5
LUGAR SANTO

A) LA SEGUNDA PUERTA.

Esta puerta también se llamaba la puerta de la «_____.»
A diferencia de la primera esta tenía _____ columnas .
Estas columnas son los ministerios dados por Dios a la Iglesia.
1) _____ 2) _____ 3) _____
     4) _____   5) _____

Estos cinco dedos componen la _____ de _____,
que es la que actúa en el _____ de _____ .

Estos ministerios producirán en la Iglesia de Jesucristo:

* _____ progresiva.
* Estabilidad en la_____.
* Fundamentos _____ para arraigarnos en él.
* Libres de las artimaña del _____.
* Sensibilidad en el _____.
* Amor por la _____ revelada.
* Instrumentos de _____ y _____.

A.1) Lugar de la alabanza, entrando al Lugar Santo
Dentro del Lugar Santo habían _____ muebles. El _____,
La _____ de los _____ de la propósición y el
_____ que estaba frente al velo.

B) El candelabro

Nombrar las diferentes partes del candelabro:
1)_____ 2) _____
El candelabro representa a _____ como la_____
del_____.

****
*Otra vez Jesús les habló, diciendo: Yo soy la _____ del
_____; el que me sigue, no andará en tinieblas, sino que tendrá
la _____ de la vida. Juan 8:12*
****

Cuando llegamos al lugar santo dejamos de ver el _____
para encontrarnos con el _____, nos encontramos con la
_____de _____. Esta revelación es la
_____que ilumina la mente, para ver lo _____.

**En su construcción se destacan tres aspectos. Explicar el significado
de cada uno.**
Era de una sola _____. Era labrado a _____. Era de
_____ .

El candelabro tenía _____ que representa la plenitud de
los _____sobre Cristo el ungido.

****
Y reposará sobre él el espíritu de...
Isaias 11:2
****
Escribir los siete espíritus a los que se refiere:

1) _____ 2) _____ 3) _____
4) _____ 5) _____ 6) _____
              7) _____

****
**El aceite era el que _____la mecha que daba Luz. Jesús
fue ungido más que sus compañeros con la unción del Santo
Espíritu de Dios.**
****

C) La mesa de los panes de la proposición

Era una mesa de madera _____, recubierta de _____.
Sobre la mesa se desplegaban los _____ ante Dios.

****
*Y tomarás flor de harina, y cocerás de ella doce tortas... Pondrás también
sobre cada hilera incienso puro, y será para el pan como _____,
ofrenda encendida a Jehová.* Levítico 24:5-9
****

Este pan es tipo de _____, el pan de vida, que alimentaba al _____, ahora el creyente: cada cristiano.

Este pan era de _____ de _____ porque las tribus de Israel recibían de Dios el pan cotidiano. Recordaba el _____ dado por Dios a los hijos de Israel. Jesús es el _____ del _____.

```
*********************************************************************
```

Yo soy el pan vivo que descendió del cielo; si alguno comiere de este pan, vivirá para siempre; y el pan que yo daré es mi carne, la cual yo daré por la vida del mundo. Juan 6:51

```
*********************************************************************
```

Este pan tenía que ser cubierto con el aroma del incienso. Tenía un aroma dulce pero su gusto era amargo.

🖊 **Escribir el porqué.**

_____
_____
_____

La vida de Cristo fue un _____fue dado para seguir sus pisadas. No podemos decir que somos cristianos si nos tenemos la _____ de_____ en nosotros.
Jesús es _____ de_____, él es nuestra satisfacción espiritual.

D) ALTAR DEL INCIENSO

La madera de acacia representa la _____ el cuerpo de Jesús que no vio _____.
El oro representa su _____ y _____.
En este altar se debía quemar incienso aromático, por las _____ y por las _____.

```
*********************************************************************
```

Cuando hubo tomado el libro, los cuatro seres vivientes y los veinticuatro ancianos se postraron delante del Cordero; todos tenían arpas, y copas de oro llenas de _____, que son las oraciones de los santos. Apocalipsis 5:8

```
*********************************************************************
```

En la tradición judía se acostumbraba a orar dos veces al día:
1) _____ 2) _____
Esto es símbolo del _____ del _____.

****
Suba mi oración delante de ti como el _____*, El don de*
mis manos como la ofrenda de la tarde. Salmo 141:2
****

E.2) Componentes del incienso santo, arte del perfumador. Especies aromáticas
Los cuatro componentes del perfume de incienso:

1) _____ 2) _____
3) _____ 4) _____

E.2) Olor fragante para Dios

La mayoría de las especies aromáticas son sacadas de la _____
de la_____ de un árbol. Esto nos muestra el _____ para
dejar libre. El _____ de amor de Cristo es como_____
_____.

a) ¿Qué significa que Cristo fue olor fragante?
_____
_____
_____
_____
_____
_____

b) ¿Cómo podemos dar olor de vida?
_____
_____
_____
_____
_____
_____

****

*Mas a Dios gracias, el cual nos lleva siempre en triunfo en Cristo Jesús, y
por medio de nosotros manifiesta en todo lugar el* _____
de su conocimiento....olor de vida para vida. 2 Corintios 2:14-16

****

EL ACEITE DE LA UNCIÓN

El aceite de la unción fue una parte importante dentro del _____
a _____. Fue dado con _____ exactas y
_____ exactas.

El aceite es mencionado con frecuencia en las Escrituras como emblema de _____ .

Así como el untar con él como señal de _____ de
_____ o _____ para el servicio de Dios.

F.3) Donde sería derramado

✐

_____

_____

_____

_____

_____

_____

F.4) Cómo mantener la unción de Dios

✐

_____

_____

_____

_____

_____

_____

UNIDAD 6

LAS CUATRO CUBIERTAS

Había cuatro cubiertas de diferentes componentes, que con su cobertura formaban el tabernáculo. En el orden que fueron dadas por Dios de adentro hacia afuera como todo lo demás:

1) Cubierta de lino torcido de todos los colores, bordados con querubines
2) Cubierta de pelo de cabra
3) Cubierta hecha de pieles de carnero teñida de rojo
4) Cubierta de pieles de tejones.

A) LA CUBIERTA DE LINO TORCIDO
Éxodo 26:1-6; 36:8-13

La primera cubierta de la tienda se realizó de diez cortinas, agrupadas por un lado cinco de ellas y por el otro cinco. Se unirían por cincuenta corchetes de oro. Esta cubierta sería la visible por dentro. Estaban elaboradas con lino torcido, azul, púrpura, y carmesí, con primorosos querubines bordados en hilo de oro.
Esta cubierta representa la obra redentora de Cristo desde el principio, hasta ser glorificado en el cielo.

• El azul significa que Cristo vino del cielo y la herencia para los redimidos, es la vida eterna.
• La púrpura significa que su linaje sería de la estirpe de los reyes, y todos aquellos que creen en Jesucristo como el segundo Adán hecho hombre, son libres del pecado original y son constituidos reyes y sacerdotes para Dios el Padre.
• El rojo significa que Jesús era el Cordero de Dios que derramaría su sangre para remisión de los pecados de la humanidad.
• El blanco su pureza hecho sin pecado.

Querubines en la cubierta. Dios da instrucciones específicas para bordar en esta cubierta figuras de querubines. Tenía que ser bordada como en el velo que separaba el Lugar Santo, del Santísimo.

CRISTO:
1. Redentor
2. Justicia de Dios
3. Sacrificio
4. Se humilló hasta la muerte

COLORES:

1. Azul
2. Púrpura
3. Rojo carmesí
4. Blanco

Mira y hazlos conforme al modelo que te ha sido mostrado en el monte.
Éxodo 24:40

Los querubines estuvieron desde un principio representando la obra redentora de Cristo, y como parte juntamente de la naturaleza divina de Dios. Ellos tenían que estar en el velo y en la primera cubierta que haría a la vez de cortinas que reguardaría el Lugar Santo y Santísimo. Su presencia recordaba que Cristo fue hecho intercesor eterno delante del Padre. También como símbolo del futuro Cristo Redentor.

a) Harás el tabernáculo de diez cortinas de lino torcido, azul, púrpura y carmesí; y lo harás con querubines de obra primorosa.
Éxodo 26:1

b) También harás un velo de azul, púrpura, carmesí y lino torcido; será hecho de obra primorosa, con querubines.
Éxodo 26:31

Levítico 16
Levítico 23:26

Dentro del Lugar Santísimo, los dos querubines de oro era como si protegieran la presencia de Dios para que nadie se acercara, así como en el Edén cuidaban del árbol de la Vida, para que el hombre ya en transgresión no comiera de él, sino nunca moriría y a la vez nunca tendría la oportunidad de salvación.

B) LA CUBIERTA DE PELO DE CABRA

Éxodo 26:7-13; 36:14-18

La mujeres elaboraron esta gran cubierta con sus manos, hilando pelo negro de cabras, usado para hacer tiendas. Este material era aislante y tenía que ser puesto por encima del lino retorcido. Fue hecho de once cortinas de veinte metros por catorce metros aproximadamente.

Esta se separaría en dos grupos de cinco y seis. La sexta de la segunda serie estaría doblada frente a la puerta del tabernáculo. Las dos series se unían con cincuenta corchetes de bronce. La que sobraba colgaría por la parte de la espalda del tabernáculo.

Esta cobertura de pelo de cabra sin teñir indica **la justicia de Cristo por el pecado.**

Significado de los machos cabríos
La cabras eran particularmente importantes en el día de la «Expiación» (día del arrepentimiento) el tiempo en el cual los hijos de Israel se reconciliaban con Dios.

Dos cabras eran elegidas a suerte por YHVH, una para sacrificio y la otra para ser enviada al desierto.

La sangre de la cabra sacrificada sería llevada al Lugar Santísimo por el sumo sacerdote. Esto estaba requerido por Dios para que los pecados de los hijos de Israel fueran perdonados, pues: *Sin el derramamiento de sangre no hay perdón de pecados.* Hebreos 9:22

Entonces el sumo sacerdote ponía sus dos manos sobre la cabeza de la otra cabra y confesaba todos los pecados de los hijos de Israel antes de ser enviada al desierto. Esto significaba que Dios perdonaría todos los pecados confesados.

Para que **la justicia de Dios** sea satisfecha, una cabra sin pecado tiene que morir y la otra cabra sin pecado tiene que tener los pecados de Israel puestos sobre su cabeza y ser enviada fuera del campamento.

Todo esto nos habla de la crucifixión de Jesús: *Al que no conoció pecado, por nosotros lo hizo pecado, para que nosotros fuésemos hechos justicia de Dios en él.* 2 Corintios 5:21 (Jesús murió fuera de Jerusalén)

En Jesús se realizó la suerte de las dos cabras para nuestra reconciliación con Dios: *Como si Dios rogase por medio de nosotros; os rogamos en nombre de Cristo: Reconciliaos con Dios.* 2 Corintios 5:20

Las cabras significan que él que no hizo pecado se hizo o fue hecho pecado por nosotros para que Dios pueda legalmente perdonarnos y no poder recordar nuestros pecados.
Como dice en el Nuevo pacto: *Porque seré propicio a sus injusticias, y nunca más me acordaré de sus pecados y de sus iniquidades.* Hebreos 8:12

La cubierta de pelo de cabra significa que, **si hemos entrado al tabernáculo, somos cubiertos con la justicia de Cristo y somos justificados delante del Padre.** *Al que no conoció pecado, por*

*El significado de las **dos cabras** se refiere a que Dios quiere perdonar. Él desea **quitar** de sus hijos no solo el pecado sino también él quiere **olvidarse** de sus pecados, para que podamos **reconciliarnos** con él.*

Y sabéis que él apareció para quitar nuestros pecados, y no hay pecado en él. 1 Juan 3:5

Angustiado él, y afligido, no abrió su boca; como cordero fue llevado al matadero; y como oveja delante de sus trasquiladores, enmudeció, y no abrió su boca.

Isaías 53:7

Pedro le escribe a los creyentes: sabiendo que fuisteis rescatados de vuestra vana manera de vivir, la cual recibisteis de vuestros padres, no con cosas corruptibles, como oro o plata, sino con la sangre preciosa de Cristo, como de un cordero sin mancha y sin contaminación.

1 Pedro 1: 18-19

nosotros lo hizo pecado, para que nosotros fuésemos hechos justicia de Dios en él. 2 Corintios 5:21

C) LA CUBIERTA DE PIELES DE CARNERO
Éxodo 26:14

La tercera cubierta del tabernáculo era de pieles de carneros curtidas teñidos de rojo. Para hacer esta cubierta se tuvo que sacrificar muchos animales.

• Esta cubierta simboliza **la expiación de Cristo. Se entregó como ofrenda y derramó su sangre, dando su vida por nosotros.**

He aquí el Cordero de Dios, que quita el pecado del mundo. Juan 1:29

La cubierta de piel no es roja. Tuvo «que ser *teñi-da de rojo*». Esto nos muestra una vez más el gran significado de la sangre en el tabernáculo.
Isaías fue el que profetizó acerca del Mesías sete-cientos cincuenta años antes de su crucifixión. Su descripción detallada es revelada principal-mente en el capítulo 53.

Esta cubierta muestra precisamente el sacrificio del Mesías, dicho por el mismo Cristo: *Porque esto es mi sangre del nuevo pacto, que por muchos es derramada para remisión de los pecados.* Mateo 26:28

El énfasis aquí no está simplemente en el rescate individual, estas cubiertas están juntas y forman una sola, cubriendo también las placas verticales que están paradas juntas, que **significan los hijos de Dios constituyendo este gran edificio que es la Iglesia.**

Quien se dio a sí mismo por nosotros para redimirnos de toda iniquidad y purificar para sí un pueblo propio, celoso de buenas obras. Tito 2:14

Asimismo Pablo habla a los creyentes en Éfeso refiriéndose a *la iglesia del Señor, la cual él ganó por su propia sangre.* Hechos 20:28

Escribiéndoles mas adelante para confirmar: *Como Cristo amó a la iglesia, y se entregó a sí mismo por ella.* Efesios 5:25

D) LA CUBIERTA DE PIELES DE TEJONES
Éxodo 36:19

La cubierta de pieles de tejones es la que quedaba al exterior por encima de todas las cubiertas. Esta era rústica sin belleza y oscura. Como vimos en el interior o primera cubierta, era la bordada en colores y hermosa en finura.

Aunque la cubierta de tejón era rústica, era muy costosa y una buena protección para las inclemencias del tiempo en el desierto. Para esta cubierta también fue necesaria la muerte de animales.

La cubierta de tejones nos habla:

• **De la humillación de Cristo hasta la muerte.** Tanto el tejón como el carnero han tenido que morir para que su piel sirva de cobertura. Así Cristo dio su vida y murió para darnos la vida eterna. Es de vital importancia el derramamiento de sangre para remisión.

• Isaías nos habla de la fealdad de Cristo en apariencia, pero por dentro él es hermoso.
no hay parecer en él, ni hermosura; le veremos, mas sin atractivo para que le deseemos. Isaías 53:2

He aquí que tú eres hermoso, amado mío, y dulce. Cantares 1:16

Y pasé yo otra vez junto a ti, y te miré, y he aquí que tu tiempo era tiempo de amores; y extendí mi manto sobre ti, y **cubrí** *tu desnudez; y te di juramento y entré en pacto contigo, dice Jehová el Señor, y fuiste mía. Te lavé con agua, y lavé tus sangres de encima de ti, y te ungí con aceite; y* **te vestí** *de bordado, te calcé* **de tejón, te ceñí** *de lino y* **te cubrí de seda.** Ezequiel 16:8-10

• La nube de su gloria es la cubierta de poder que tiene la iglesia.

Extendió una nube por cubierta. Salmo 105:39

Cristo resistió todo ataque del enemigo para ser nuestra protección. Él nos cubre con su sangre.

Su cubierta es la sombra de su mano. Nos cubre con su manto de amor. Él es nuestra bandera. YHVH NISSI

Me cubrió con la sombra de su mano; Isaías 49:2

Unidad 6
Las cuatro cubiertas

LAS CUBIERTA DE LINO TORCIDO
Habían _____ cubiertas de diferentes componentes, que con su cobertura formaban el tabernáculo. Según el orden dado por Dios. De dentro para fuera encontramos la cubierta de:

1) _____ 2) _____
3) _____ 4) _____

La cubierta de lino se componía de cuatro colores:

1) _____ 2) _____
3) _____ 4) _____

Querubines en la cubierta
Los querubines estuvieron desde un principio representando la obra _____ de_____, y como parte juntamente de la naturaleza divina de Dios.
 Su presencia recordaba que Cristo fue hecho _____ _____ delante del Padre. También como símbolo del futuro _____.

B) LAS CORTINAS DE PELO DE CABRA
Esta cobertura de pelo de cabra sin teñir, indica que somos _____delante del _____.

Significado de los machos cabríos
El significado de las dos cabras es que Dios quiere perdonar. Él desea _____ de sus hijos no solo el pecado sino también, él quiere _____ de sus pecados, para que podamos _____ con él.
La cubierta de pelo de cabra significa que, si hemos entrado _____, somos _____ con la _____ y somos _____ delante del Padre.

****

Y sabéis que él apareció para quitar nuestros pecados, y no hay pecado en él.
1 Juan 3:5
****

C) LA CUBIERTA DE PIELES DE CARNERO
La tercera cubierta del tabernáculo era de _____ de_____ curtidas teñidos de _____. Esta cubierta simboliza la _____ de _____, como ofrenda se entregó y derramó su sangre, dando su vida por nosotros.

```
****************************************************************
```
He aquí el Cordero de Dios, que quita el pecado del mundo. Juan 1:29
```
****************************************************************
```
La cubierta de piel, no es roja en su color natural. Tuvo que ser teñida de rojo. Esto nos muestra una vez más el gran significado de la _____ en el tabernáculo.
```
****************************************************************
```
Isaías 53:7 : _____
```
****************************************************************
```
Esta cubierta muestra precisamente el _____ del Mesías.
```
****************************************************************
```
sabiendo que fuisteis rescatados de vuestra vana manera de vivir, la cual recibisteis de vuestros padres, no con cosas corruptibles, como oro o plata, sino con la s_____ preciosa de Cristo, como de un cordero sin mancha y sin contaminación ... 1 Pedro 1:18-19
```
****************************************************************
```

D) LA CUBIERTA DE PIELES DE TEJONES

La cubierta de pieles de tejones es la que quedaba al exterior por encima de la cubierta de las pieles de carnero teñida. Esta cubierta era _____ y oscura sin color.

La cubierta de tejones nos habla:

De la _____
De la _____
```
****************************************************************
```
...no hay parecer en él, ni hermosura; le veremos, mas sin atractivo para que le deseemos. Isaías 53:2
```
****************************************************************
```

Cristo resistió todo ataque del enemigo para ser nuestra_____.
```
****************************************************************
```
..Y pasé yo otra vez junto a ti, y te miré, y he aquí que tu tiempo era tiempo de amores; y extendí _____ sobre ti, y _____; y te di juramento y entré en pacto contigo, dice Jehová el Señor, y fuiste mía. Te lavé con agua, y lavé tus sangres de encima de ti, y te ungí con aceite; y te vestí de bordado, te _____, te ceñí de lino y _____ de seda. Ezequiel 16:8-10
```
****************************************************************
```
```
****************************************************************
```
..._____ con la sombra de su man. Isaias 49:2
```
****************************************************************
```

LUGAR SANTÍSIMO

A) EL VELO

También harás un velo de azul, púrpura, carmesí y lino torcido; será hecho de obra primorosa, con querubines. Éxodo 26:31-37

El Lugar Santo estaba separado del Lugar Santísimo por un velo, este velo era llamado (*parote*). Como toda descripción de la palabra velo, su significado es «cubrir» o «ocultar algo».

El velo era de obra primorosa, este velo ocultaba a la vista del hombre, el mueble más apreciado y valorado por los hijos de Israel «el arca del Pacto».

Este velo se distinguía perfectamente de las otras cortinas anteriores. Aparte de sus cuatro colores **azul, púrpura, rojo y blanco.** (Hemos visto estos cuatro colores previamente en la primera puerta), en él se debían **bordar con hilo de oro, querubines, en obra primorosa.**

Estos formaban parte de la gloria de Dios habiendo estado cerca desde un principio en el Edén. Recordaban su postura frente al árbol de la vida, cuando formaron un tabernáculo de fuego que impedía al hombre caído acercarse al árbol de la vida. Este hecho ya daba representación simbólica de la futura redención de Cristo.

La entrada detrás del velo al lugar santísimo fue prohibida a todos los hombres excepto una vez al año al sumo sacerdote. Él tenia que entrar con la sangre de un cordero sacrificado, por la expiación de su propio pecado, y la sangre de otro animal (cabra) para el pueblo de Israel, en el gran día de *Yom Kippur*. Día de arrepentimiento general (véase capítulo siguiente).

• El velo separador nos recuerda que «todos los pecadores estábamos excluidos de la gloria de Dios».

Y aquel velo os hará separación entre el lugar santo y el santísimo
Éxodo 26:33

El velo es la última puerta para atravesar y entrar a la presencia de Dios.

Y Jehová dijo a Moisés:
Di a Aarón tu hermano, que no en todo tiempo entre en el santuario detrás del velo, delante del propiciatorio que está sobre el arca, para que no muera; porque yo apareceré en la nube sobre el propiciatorio.
Levítico 16:2

• También nos recuerda el cuerpo de Cristo rasgado en la cruz.

• También nos recuerda que Cristo fue el Cordero que dio su vida por nosotros y entró una vez y para siempre al Lugar Santísimo.

El velo representa su carne rasgada por nosotros

El cordero de la pascua fue muerto para el rescate de los hijos de Israel en Egipto. Las puertas manchadas de sangre indicaban que eran libres de la esclavitud y comenzarían un nuevo día de libertad.

Quien llevó él mismo nuestros pecados en su cuerpo sobre el madero, para que nosotros, estando muertos a los pecados, vivamos a la justicia; y por cuya herida fuisteis sanados. 1 Pedro 2:24

Todos nosotros nos descarriamos como ovejas, cada cual se apartó por su camino; mas Jehová cargó en él, el pecado de todos nosotros.

Mientras que Jesús colgaba allí en el madero, derramando su sangre como símbolo de ese velo, Dios puso en él todas nuestras iniquidades (Isaías 53:6). Los dolores finales de la muerte vinieron y Jesús exclamó:

Dios mío, Dios mío¿ por qué me has desamparado? (Mateo 27:46). Unos segundos después vuelve a gritar «*acabada es la obra*» *y expiró.*

Mas Jesús, dando una gran voz, expiró. Entonces el velo del templo se rasgó en dos, de arriba abajo.
Marcos 15:38

El efecto de la muerte de Jesús fue dramática: la tierra tembló, las rocas se partieron «**y el velo en el templo fue rasgado en dos, de arriba a bajo.** Ahora podemos gritar somos libres de la esclavitud del pecado por su muerte por su sangre derramada en el madero.

Cuando Cristo expiró en la cruz del calvario acabó la obra de redención. La obra que comenzó en el Edén por la palabra profética, culminó.

Ya la obra redentora estaba consumada, es decir, acabada. Ahora se abriría un nuevo camino al Padre mediante su sangre derramada.

El velo que separaba al hombre de Dios, se rasgó

desde el cielo a la tierra de arriba abajo. Cristo acabó la obra de la redención. Ya no hay velo que cubra su presencia, ahora podemos entrar confiadamente al trono de su gracia por su obra expiatoria.

Pero estando ya presente Cristo, sumo sacerdote de los bienes venideros, por el más amplio y más perfecto tabernáculo, no hecho de manos, es decir, no de esta creación, y no por sangre de machos cabríos ni de becerros, sino por su propia sangre, entró una vez para siempre en el Lugar Santísimo, habiendo obtenido eterna redención. Hebreos 9:11-12

A.1) El velo es figura del cuerpo de Cristo rasgado en la cruz del calvario.

Cristo entregó su cuerpo para ser crucificado, proveyendo de esa manera, mediante su muerte expiatoria, un medio para el acceso espiritual de los creyentes el «camino nuevo y vivo» para entrar al lugar santísimo a la presencia de Dios.

B) EL ARCA Y EL PROPICIATORIO

B.1) El arca del pacto

Éxodo 25:10-22

Harán también un arca de madera de acacia, ... Y la cubrirás de oro puro por dentro y por fuera, y harás sobre ella una cornisa de oro alrededor... y pondrás en el arca el testimonio que yo te daré. ... Harás también dos querubines de oro; labrados a martillo los harás en los dos extremos del propiciatorio. Harás, pues, un querubín en un extremo, y un querubín en el otro extremo; de una pieza con el propiciatorio harás los querubines en sus dos extremos. Y los querubines extenderán por encima las alas, cubriendo con sus alas el propiciatorio; sus rostros el uno enfrente del otro, mirando al propiciatorio los rostros de los querubines. Y pondrás el propiciatorio encima del arca.

Las instrucciones para hacer el arca fueron muy específicas. El arca era un mueble hecho de

Así que, hermanos, teniendo libertad para entrar en el Lugar Santísimo por la sangre de Jesucristo, por el camino nuevo y vivo que él nos abrió a través del velo, esto es, de su carne.
Hebreos 10:20

Y tomó Moisé el aceite de la unción y ungió el tabernáculo y todas las cosas que estaba en él, y las santificó
Levítico 8:10

madera de acacia, cubierto por dentro y por fuera de oro puro. Medía 1.15 metros de largo por 0.70 centímetros de alto y de ancho. Dos anillos en los dos lados para las varas

El arca del Pacto fue el mueble mas renombrado, temido, y codiciado por su poder misterioso contra los enemigos del pueblo de Israel. Habitó por 40 años en el Lugar Santísimo, en el cuarto oscuro detrás del velo. Nadie podría ver a Dios y seguir viviendo.

El único que tiene inmortalidad, que habita en luz inaccesible; a quien ninguno de los hombres ha visto ni puede ver. 1 Timoteo 6:16. Por eso se entiende lo que expresó Salomón. *Entonces dijo Salomón: Jehová ha dicho que él habitaría en la oscuridad. 2 Crónicas 6:1*

Como mueble consagrado al servicio de Dios fue ungido con aceite el día de la dedicación del Tabernáculo.
El arca fue el trono de Dios durante el tiempo que su pueblo peregrinó por 40 años en el desierto. Muchos asocian el arca del Pacto como el juicio del trono blanco, declarado en el libro de Apocalipsis, mientras que su tapa el propiciatorio, es su misericordia. *Y vi un gran trono blanco y al que estaba sentado en él, ... Y vi a los muertos, grandes y pequeños, de pie ante Dios; y los libros fueron abiertos, y otro libro fue abierto, el cual es el libro de la vida; y fueron juzgados cada uno según sus obras.* Apocalipsis 20:11-12

Es inevitable creer que el día llegará cuando Dios juzgará los secretos de los corazones de los hombres. Romanos 2:16. Por eso es importante saber que:

• **El arca representa el trono de Dios, su presencia y su manifestación divina.**
• **El propiciatorio, su misericordia.**

📖
...y en el arca pondrás el testimonio que yo te daré. Y de allí me declararé a ti, y hablaré contigo de sobre el propiciatorio, de entre los dos querubines que están sobre el arca del testimonio, todo lo que yo te mandare para los hijos de Israel.

B.2) El asiento de la misericordia

Había una tapa sobre el Arca conocida como el asiento de la misericordia. La sangre del animal sacrificado era esparcida sobre ella en el «día del arrepentimiento» una vez al año, para apaciguar la ira de la justicia de Dios.

Dios se manifestaba y hablaba en medio de los dos querubines de oro. Estos seres angelicales eran hechos de una sola pieza de oro junto con el propiciatorio, su base. Desde ese lugar se manifestaba la presencia de Dios.
Dice: *Yo hablaré a ti en medio de los dos querubines de oro, encima del propiciatorio y te diré todo lo que debes decir al pueblo de Israel.* El arca era el trono de Dios el cual **habitaba** entre querubines y desde allí hablaba con Moisés.

Entre los dos querubines había un claro de gloria indescriptible. Una luz potente, un brillo sobrenatural que no salía del oro ni de ninguna luz dentro del santuario, sino que era la gloria de la presencia divina. Escondida en medio de la nube de gloria, estaba la presencia del Dios de Israel. Sentado sobre su trono de gloria, con dos querubines, uno a cada lado. La gloria de Dios se hacia visible por fuera del tabernáculo a los ojos de todos los hijos de Israel.

Estos dos querubines, que estaban a ambos lados mirando hacia el propiciatorio, con sus alas cubriendo el propiciatorio y con sus rostros mirando hacia el arca del pacto, representan los ángeles cubridores que están en la misma presencia de Dios junto a su trono en el Cielo.

Debajo del propiciatorio, dentro del arca estaba la ley. Esto denota que **su palabra es la esencia de su personalidad.**

Sus mandamientos son su misma Palabra su misma sustancia. La acción de la Palabra es el verbo. Sus Palabras son vida y Espíritu. Dios está reinando y sentado sobre ella.

La ley de Dios dada a Moisés fue puesta dentro del arca y cubierta con el propiciatorio, vemos la ley y la gracia.

Jehová reina; temblarán los pueblos. El está sentado sobre los querubines.
Salmo 99 :1.

PROPICIATORIO

Literalmente la palabra *hebrea* viene de la palabra «propicio»

Sé propicio a mí pecador, es decir, ten misericordia de mí.

Por eso vemos en el arca del pacto «la justicia y la misericordia» porque Dios es todo amor, todo misericordia pero es también todo justicia.

Jehová, que es bueno, sea propicio a todo aquel que ha preparado su corazón para buscar a Dios.
2 Crónicas 30:18

La Palabra es la estabilidad de su reinado. Él es el Rey del universo. Por su Palabra fue constituido el universo. Por eso se nos dice en Hebreos 11:3: *Por la fe entendemos haber sido constituido el universo por la palabra de Dios, de modo que lo que se ve fue hecho de lo que no se veía.* Hebreos 11:3.

Y esa ley es santa y justa como Dios es santo y justo. Por eso el propiciatorio reposa sobre el Arca de su poder. Su **misericordia** es la gracia redentora para todo pecador que apela a su trono, a través de la sangre de Cristo derramada en la cruz del calvario.

• ¿Por qué alcanzó más aprobación el publicano pecador que el religioso diezmador?

• ¿Por qué el ciego Bartimeo fue escuchado y recompensado a su petición insistente?

• ¿Qué tenían en común el publicano y Bartimeo que fueron escuchados aceptados y aprobados por Dios mismo?

Apelaron al **asiento de la misericordia**.

Clamaron por lo más sagrado de Dios «**el propiciatorio divino**».

*Porque seré **propicio a sus injusticias**, y nunca más me acordaré de sus pecados y de sus iniquidades.*

C) Recorrido del Arca

Por cuarenta años en el desierto el Arca del Pacto fue responsable de guiar el pueblo de Dios, tanto en su mover y andar como en su reposar.
Al terminar este período, Dios llamó a su siervo Josué para que continuara los pasos de Moisés, de guiar y de llevar al pueblo de Israel a la tierra prometida.
En su primera conquista, Jericó, el Arca del Pacto es llevada por los sacerdotes delante del pueblo guiando la batalla.
Al llegar al río Jordán el Arca del Pacto detiene

las aguas para que el pueblo pueda cruzar en seco. Este fue el primer milagro del Arca fuera del Lugar Santísimo. Luego es llevado a conquistar la ciudad. El orden era el siguiente: delante los guerreros, luego las siete trompetas (Shofar, o trompeta de Dios soplando el ruido de victoria) seguida por el Arca del Pacto y luego la retaguardia. La victoria fue inminente, ¡las murallas cayeron!

El pueblo de Israel sabía que el Arca era responsable de la victoria. Representaba la presencia de su Dios y el pacto con los hijos de Israel Nadie podía tocarla, solo los levitas designados por Dios la cargaban desde sus varas de oro. Si alguien sin querer lo hacia podía morir inmediatamente. No porque Dios fuera injusto, sino porque su pueblo tenía que saber, que su presencia era como relámpago y descarga eléctrica. Lo mismo que vieron sus padres en el monte, esa misma gloria continuaba estando en el Arca. El pueblo tenía que temer su presencia y respetarla. Nos dice la palabra que «el *Arca buscaba reposo para si*», no fue encontrado en el desierto, tampoco en Silo, ni en la casa que le hizo David en Jerusalén. Este recorrido se hizo extenso hasta que reposó en el templo de Salomón, pero aun así **el Arca de Dios siguió buscando reposo.**

• **Si amas la presencia de Dios y guardas su palabra, la presencia de Dios encontrará reposo en tu corazón, si eso sucede te convertirás en el templo del Espíritu de Dios.**

Se dice que para Israel, *El Arca del pacto de Jehová; ni vendrá al pensamiento, ni se acordarán de ella, ni la echarán de menos, ni se hará otra.* Jeremías 3:16

Pero para la Iglesia ella habita en medio de su pueblo y su reposo final será en la Jerusalén celestial.

Y el templo de Dios fue abierto en el cielo, y el **arca** *de su pacto se veía en el templo. Y hubo relámpagos, voces, truenos, un terremoto y grandes granizos.* Apocalipsis 11:19.

M‸
que ‸
del pac‸   ‸ová,
estuvieron en seco, firmes en medio del Jordán, hasta que todo el pueblo hubo acabado de pasar el Jordán; y todo Israel pasó en seco.
Josue 3:17

Uza extendió su mano al arca de Dios, y la sostuvo; porque los bueyes tropezaban. Y el furor de Jehová se encendió contra Uza, y lo hirió allí Dios por aquella temeridad, y cayó allí muerto junto al arca de Dios.
2 Samuel 6:6-7

Existen tres teorías, pero ninguna ha podido demostrar su existencia.

Dentro del arca se encontraba:

• **Las dos tablas** que contenían «los diez mandamientos» (que son las palabras de vida eterna) (Juan 6:68), colectivamente la palabra de la vida (1 Juan 1:1).

• **La vara de Aarón** que floreció. (Esta vara significa la resurrección y la vida. Juan 11:25

• **El crisol de oro** ocultando el maná. (Jesús es el pan de vida, que descendió del cielo). Juan 6:33,58

****

CRISTO en el Tabernáculo:

Atrio

NUESTRO SACRIFICIO
NUESTRO PURIFICADOR

Lugar Santo

NUESTRO INTERCESOR
NUESTRO PAN DE VIDA
NUESTRA LUZ

Lugar Santísimo

NUESTRO PROPICIATORIO

****

UNIDAD 7
LUGAR SANTÍSIMO

A) EL VELO
El significado del velo es _____ y _____ .

****

y aquel velo os hará separación entre el lugar _____ *y el* _____
Éxodo 26:33

****

🖉 **Además de los cuatros colores, ¿qué hilos fueron añadidos al velo?**

_____

Describir lo que significaba la figura de los querubines en el velo:

_____
_____
_____

¿Cuántas veces al año podía entrar el sumo sacerdote?

_____

¿Qué nos recuerda el velo separador?
a)_____
b)_____

🖉 ¿Qué significaba la puerta con su dintel manchada en sangre la noche de la pascua?

_____
_____
_____

****

Mas Jesús, dando una gran voz, expiró. Entonces _____ *del templo se rasgó en dos, de arriba abajo.* Marcos 15:38

****

Ya la obra redentora estaba _____ *es decir* _____
y ahora se abría el nuevo _____ *al Padre, mediante la*
_____ *derramada. Cristo acabó la obra de la* _____ .
Ya no hay velo que _____ *su presencia, podemos entrar confiada-*
mente al _____ *de su gracia por su obra* _____ .

****

Pero estando ya presente Cristo, sumo sacerdote de los bienes venideros, por el más amplio y más perfecto,_____ no hecho de manos, es decir, no de esta creación, y no por sangre de machos cabríos ni de becerros, sino por su propia _____, entró una vez para siempre en el Lugar _____, habiendo obtenido eterna _____. Hebreos 9:11-12

****

El velo es figura del _____ de Cristo _____ en la cruz del calvario.

****

Así que, hermanos, teniendo libertad para entrar en el Lugar Santísimo por la _____ de Jesucristo, por el camino nuevo y vivo que él nos _____ a través del _____, esto es, de su carne. Hebreos 10:20

****

Cristo entregó su _____ para ser crucificado, proveyendo de esa manera, mediante su _____, un medio para el acceso espiritual de los creyentes el «_____ y _____» para entrar al Lugar Santísimo a la presencia de Dios.

B) EL ARCA Y EL PROPICIATORIO

¿De qué estaba hecha el arca?
_____

¿De qué estaba cubierta por dentro y por fuera el arca?
_____

Describir su tapa:
a) _____
_____
_____
¿Cuál es la otra? _____

¿Qué había dentro del arca en un principio?
1)_____ 2) _____

¿Qué se incluyó más tarde en el arca?_____

El arca con su propiciatorio representa el _____ de Dios, su _____, la gloria y su _____.

B. 2) El asiento de la misericordia.

¿Qué era el propiciatorio? _____

¿Qué representa el propiciatorio? _____

¿Con qué otro nombre se conoce?_____

¿Dónde se manifestaba la presencia de Dios?
_____

¿Cómo se hacia visible, por fuera del tabernáculo, a los ojos de todos los hijos de Israel, la gloria de Dios?
_____

¿Por qué alcanzó mas aprobación el publicano pecador que el religioso diezmador?
_____
_____

¿Qué palabra importante usó el ciego Bartimeo que le hizo recibir su pedido?
_____

****

CRISTO en el Tabernáculo:

Atrio
NUESTRO _____
NUESTRO _____

LUGAR SANTO
NUESTRO_____
NUESTRO_____
NUESTRO_____

Lugar Santísimo

NUESTRO _____
****

EL MINISTERIO SACERDOTAL

A) LA VESTIMENTA DEL SUMO SACERDOTE

Éxodo 39:1

El llamado «Sumo» o «mas alto» sacerdote tenía una vestimenta especial. Aarón fue el primer sumo sacerdote escogido para comenzar la orden de sacerdocio y servicio en el tabernáculo. Su descendencia seguiría el servicio santo y escogido para Dios. La tribu de Leví fue seleccionada para el servicio tanto en el orden de los Levitas como de los sacerdotes.

El sumo sacerdote era responsable del Tabernáculo, de sus ofrendas y de sus funciones diarias, pues cada día venían a traer los hijos de Israel sus ofrendas de paz.

Su más importante servicio era una vez al año entrar al Lugar Santísimo en el día de la Expiación. Primero hacer expiación por sus propios pecados y luego echar suerte sobre la cabeza de dos cabras. Una sería degollada para expiación de los pecados del pueblo y la otra llevaría el pecado de los hijos de Israel al desierto. Fiesta hoy conocida como «el día del arrepentimiento» o *Yom Kippur* S siguiéndole una semana de alegría y gozo. Levítico 23

Aunque este acto pareciera sencillo, se requería que el sumo sacerdote fuera una persona consagrada y santificada para esa ocasión. *Y santificaré el tabernáculo de reunión y el altar; santificaré asimismo a Aarón y a sus hijos, para que sean mis sacerdotes.* Éxodo 29:44

A.1) Los calzoncillos de lino

Y les harás calzoncillos de lino para cubrir su desnudez; serán desde los lomos hasta los muslos. Y estarán sobre Aarón y sobre sus hijos cuando entren en el tabernáculo de reunión, o cuando se acerquen al altar para servir en el santuario, para que no lleven pecado y mueran. Éxodo 28:42

Del azul, púrpura y carmesí hicieron las vestiduras del ministerio para ministrar en el santuario, y asimismo hicieron las vestiduras sagradas para Aarón, como Jehová lo había mandado a Moisés.

Aarón y su descendencia pertenecientes a la tribu de Leví fueron escogidos para servir delante de YHVH.
Pero el nuevo pacto vino por la tribu de Judá. Porque Jesús pertenece según la orden de Melquisedec.

Era necesario que el sumo sacerdote se vistiera, después de bañarse, con su ropa interior, llamada calzoncillos, hecho de lino especial para no hacer sudar el cuerpo.

Y les harás calzoncillos de lino para cubrir su desnudez; serán desde los lomos hasta los muslos.

El apostol Pedro exorta a: Ceñir los lomos de vuestro entendimiento, y ser sobrios, y esperar por completo en la gracia que se nos traerá cuando Jesucristo sea manifestado.

Turbantes de lino tendrán sobre sus cabezas, y calzoncillos de lino sobre sus lomos; no se ceñirán cosa que los haga sudar. Ezequiel 44:18

Tanto el turbante de su cabeza como la túnica y los calzoncillos tenían de ser de lino.

Los calzoncillos de lino representa que:

Nuestra vida íntima (aquella que los hombres no ven) **tiene que ser limpia, franca y transparente delante de Dios.** Nos dice en Crónicas que Jehová escudriña los corazones de todos y entiende todo intento de los pensamientos. Él escudriña lo más profundo de la mente y del corazón.

• El lino fino siempre representa la buenas acciones de los santos escogidos.

Y a ella se le ha concedido que se vista de lino fino, limpio y resplandeciente; porque el lino fino es las acciones justas de los santos. Apocalipsis 19:8

A.2) La túnica labrada

Igualmente hicieron las túnicas de lino de obra de tejedor, para Aarón y sus hijos. Éxodo 39:27

Por debajo de la vestimenta sagrada tenían la túnica de lino, esta sería la que cubriría el cuerpo del sacerdote.

📖

Se vestirá la túnica santa de lino, y sobre su cuerpo tendrá calzoncillos de lino, y se ceñirá el cinto de lino, y con la mitra de lino se cubrirá. Son las santas vestiduras; con ellas se ha de vestir después de lavar su cuerpo con agua.
Levítico 16:4

Tanto la primera túnica como los calzoncillos eran hechos de lino blanco y era una de las primeras piezas que el sacerdote se ponía al vestirse delante de YHVH.

• **Es tipo de la pureza de Cristo y de la justicia perfecta con la cual, como sacerdotes están vestidos los hijos de Dios.**

La justicia de Dios por medio de la fe en Jesucristo, para todos los que creen en él. Romanos 3:22

A.3) El traje azul del sacerdote

Éxodo 28:31-35

El traje fue hecho de color azul. El sacerdote lo llevaba por encima de la túnica blanca.

• El color azul habla del carácter celestial de Jesús.

Abajo en las orillas estaba adornado con granadas de jacinto, púrpura y carmesí, y entre estas, campanillas de oro, que sonaban cuando el sacerdote entraba y salía. Las campanas de oro eran un aviso audible de su servicio en el lugar santísimo. Si se oían sonar era una evidencia que su servicio era agradable delante de Dios.

• Este mismo equilibrio de frutos y campanillas se compara con las palabras de Jesús y su hechos. *Entonces él les dijo: ¿Qué cosas? Y ellos le dijeron: De Jesús nazareno, que fue varón profeta,* **poderoso en obra** *y* **en palabra** *delante de Dios y de todo el pueblo.* Lucas 24:19

Vemos en los creyente:
• el **fruto** del Espíritu
• los **dones**

En Hebreos nos habla de que cada creyente estimule a los demás en **amor y buenas obras.** *Y considerémonos unos a otros para estimularnos al amor y a las buenas obras:* Hebreos 10:24

Vestíos, pues, como escogidos de Dios, santos y amados, de entrañable misericordia, de benignidad, de humildad, de mansedumbre, de paciencia; soportándoos unos a otros, y perdonándoos unos a otros.

Y sobre todas estas cosas vestíos de amor, que es el vínculo perfecto. Colosenses 3:12-14

Vestíos del Señor Jesucristo, y no proveáis para los deseos de la carne. Romanos 13:14

Los dones tienen que estar acompañados del buen testimonio del carácter de Cristo.

A.4) El Efod

Éxodo 28:5-14; 39:2-7

La vestidura más sagrada era el delantal llamado efod. Era puesto por encima de su vestimenta de lino blanco.
Era una vestidura corta y sin mangas confeccionada en oro, azul, púrpura y carmesí, todo ello en lino torcido.

*Hizo también el efod de **oro, de azul, púrpura, carmesí y lino torcido**. Y batieron láminas de oro, y cortaron hilos para tejerlos entre el azul, la púrpura, el carmesí y el lino, con labor primorosa. Éxodo 39: 2-3*

Estos mismos colores son los considerados en la primera puerta, la segunda y en el velo, sus cuatro colores revelan a Cristo como en los cuatro Evangelios y la extensión del mismo por todo el mundo.
En los cuatro colores vemos cómo Jesús estaba en su ministerio terrenal.

• **Jesús vivió como hombre en la tierra, hombre de acción, el carpintero de Nazaret** (Marcos 6:3).

• **Él también supo confiar en su Padre para poder recibir de otros como canales para sus sustento diario** (Lucas 8:3).

• **Él supo el significado de estar cansado** (Juan 4:6).

• **Él pasó hambre** (Mateo 4:2).

• **Estuvo sediento** (Juan 4:7). **Fue en todo tentado** (Hebreos 2:18).

• **Sensible al dolor** (Juan 11:35).

• **Quebrantado en la suplicade la oración** (Lucas 22:44, Hebreos 5:7).

Hay una característica adicional importante en el

El efod sacerdotal: Representa el servicio completo y pleno en la obra del Espíritu Santo en la Iglesia. Ministrando este bajo los cinco ministerios.

Y Cristo, en los días de su carne, ofreciendo ruegos y súplicas con gran clamor y lágrimas al que le podía librar de la muerte, fue oído a causa de su temor reverente. Y aunque era Hijo, por lo que padeció aprendió la obediencia.

Efod. La cuerda de rosca de oro (corte de la placa del oro) fue entretejida con los otros colores (Éxodo 39:3). El oro es no solamente precioso, sino que **implica de Cristo su ser divino caminando entre los hombres.**

• La confección con hilo de oro representa la realeza y gloria del reino divino, así como el azul, la grandeza divina y eterna; la púrpura la realeza y dominio universal.

El hilo de oro es tipo de la calidad y delicadeza de su persona y ministerio.

Cuando él resucita y se sienta a la derecha del Padre se hace Sacerdote intercesor para siempre, rogando por su amados redimidos. Como Sumo Sacerdote fiel, misericordioso y compasivo, Jesús vive ahora para rogar por nosotros.

Por cuanto él resucitó, tiene la autoridad de dar vida y salvar a todos aquellos que se acercan a él.

Por lo cual puede también salvar perpetuamente a los que por él se acercan a Dios, viviendo siempre para interceder por ellos. Hebreos 7:25

El efod era una pieza bordada primorosamente. Lo formaban dos partes, la de adelante, que cubría el pecho y la de atrás que cubría las espaldas, se unían por los hombros y en cada uno de ellos había una piedra preciosa.

Y labraron las piedras de ónice montadas en engastes de oro, con grabaduras de sello con los nombres de los hijos de Israel, y las puso sobre las hombreras del Efod, por piedras memoriales para los hijos de Israel, como Jehová lo había mandado a Moisés. versículos 6-7

En las piedras de ónice estaban escritos seis nombres a cada lado de sus dos hombros, nombrando las doce tribus de Israel. Cada vez que el sumo sacerdote iba ante Dios, frente al altar del incienso, llevaba delante de Dios en sus hombros a todos los hijos de Israel.

El hilo de oro es tipo de la hermosura del ministerio de Cristo.

Cristo es el que murió; más aun, el que también resucitó, el que además está a la diestra de Dios, el que también intercede por nosotros.
Romanos 8:34

Si pierde una oveja … no va tras la que se perdió, hasta encontrarla? Y cuando la encuentra, la pone sobre sus hombros gozoso.

El amado de Jehová habitará confiado cerca de él; lo cubrirá siempre, y entre sus hombros morará.
Deuteronomio 33:12

Jesús es el buen pastor (Juan 10:11). **Él lleva a las recién paridas sobre sus hombros.** Esto nos habla del cuidado amoroso de Jesús hacia sus pequeñitos.

Jesús llevó la cruz por nosotros sobre sus hombros. Los hombros hablan de su fuerza y de su gran alcance hacia toda la humanidad.

A.5) El cinto

El efod era solo usado por el sumo sacerdote. Para ceñirlo al cuerpo usaba un cinto hecho del mismo material.

Para todo siervo de Dios, tener el cinto alrededor de sus lomos significa «entender su llamado y su dignidad en Cristo». Jesús nunca dudó de su llamado y puso su mirada firme como un pedernal.

Cuando el apóstol Pablo se refiere a estar firmes, se está refiriendo a la persona que sostiene sus ideas sin titubear: *Estad, pues, firmes, ceñidos vuestros lomos con la verdad, y vestidos con la coraza de justicia.*
Pedro en su epístola habla de «ceñir los lomos de nuestro entendimiento»

• Solo Jesús fue hecho por pacto eterno **Sumo Sacerdote.**
Y nos hizo reyes y sacerdotes para Dios su Padre: Aunque la iglesia es revestida con vestidos de realeza sacerdotal, solo Cristo fue y es el único «**Sumo** Sacerdote» es decir el más alto, que entró una vez y para siempre al Lugar Santísimo.

A.6) El pectoral, el urim y tumin

Harás asimismo el pectoral del juicio de obra primorosa; lo harás conforme a la obra del Efod, de oro, azul, púrpura, carmesí y lino torcido. Será cuadrado y doble, de un palmo de largo y un palmo de ancho; y lo llenarás de pedrería en cuatro hileras de piedras; una hilera

- de una piedra **sárdica,** un **topacio** y un **carbunclo.**
- la segunda hilera, una **esmeralda,** un **zafiro** y un **diamante.**
- la tercera hilera, un **jacinto,** una **ágata** y una **amatista.**
- la cuarta hilera, un **berilo,** un **ónice** y un **jaspe.**

Todas estarán montadas en engastes de oro. Éxodo 28: 15-20.

El pectoral estaba hecho del mismo material que el efod, y doblado en forma de bolsa o bolsillo, en el cual estaba el urim y el tumin.

Urim significa «luz» o «luces» y tumin significa «perfecciones» o «integridad». Eran probablemente dos joyas, que llevaban estos nombres. Cuando algún profeta de Dios o Rey de Israel tenía que tomar decisiones importantes, respecto al pueblo de Dios, consultaba al urim y muchas veces la petición se le da a conocer al sumo sacerdote. Dios podía comunicarse directamente, pero no de forma audible. El urim era usado para consultar a YHVH.
(Jueces 20:27)

Él se pondrá delante del sacerdote Eleazar, y le consultará por el juicio del Urim delante de Jehová; por el dicho de él saldrán, y por el dicho de él entrarán, él y todos los hijos de Israel con él, y toda la congregación. Números 27:21

Y el gobernador les dijo que no comiesen de las cosas más santas, hasta que hubiese sacerdote para consultar con Urim y Tumim. Esdras 2:63

• Se cree que el Urim y Tumim es símbolo del Espíritu Santo quien nos da a conocer la voluntad de Dios.

El pectoral era lo más hermoso y costoso de las vestiduras y el sacerdote lo llevaba sobre el pecho (corazón). Encima del mismo había un conjunto de doce piedras preciosas, y sobre ellas estaba grabado el nombre de las doce tribus de Israel.

El Urim y Tumin, no se podría usar en casos particulares, solo los concernientes al pueblo de Israel en general.

Vosotros también, como piedras vivas, sed edificados como casa espiritual y sacerdocio santo, para ofrecer sacrificios espirituales aceptables a Dios por medio de Jesucristo.
1 Pedro 2:5

• **Esto muestra que el buen pastor sabe el nombre de cada una de sus ovejas y las llama por su nombre. (Juan 10:3)**

• **Apocalipsis nos dice que él dará una piedrecita con un nuevo nombre.** *Al que venciere, daré a comer del maná escondido, y le daré una piedrecita blanca, y en la piedrecita escrito un nombre nuevo, el cual ninguno conoce sino aquel que lo recibe.* Apocalipsis 2:17

• **Cada nacido de nuevo es una piedra viva edificando el edificio de Dios.**

A. 7) La mitra y la diadema santa

Éxodo 28:36-39

Y pondrás la mitra sobre su cabeza, y sobre la mitra pondrás la diadema santa. Éxodo 29:6

El turbante o la mitra estaba hecha de lino fino blanco. Generalmente, el lino blanco significa pureza y justicia
Aquí el énfasis está en nuestra mente. La mitra cubría la frente, algo así como el procesos de nuestros pensamientos.

• *Tomad el yelmo de la salvación.* Efesios 6:17

Por encima de la mitra, sobre la frente del sumo sacerdote había una placa de oro fino grabada con las palabras SANTIDAD A JEHOVA.

Porque tal sumo sacerdote nos convenía: santo, inocente, sin mancha, apartado de los pecadores, y hecho más sublime que los cielos. Hebreos 7: 26

Este sello del Dios vivo está legítimamente marcada en la frente de nuestro Señor Jesucristo, nuestro gran Sumo Sacerdote.

Y había en su cabeza muchas diademas; y tenía un nombre escrito que ninguno conocía sino él mismo. Apocalipsis 19:12

Y a ella se le ha concedido que se vista de lino fino, limpio y resplandeciente; porque el lino fino es las acciones justas de los santos.
Apocalipsis 19:8

llevando cautivo todo pensamiento a la obediencia a Cristo
2° Corintios 10:5.

De la misma manera nosotros que hemos sido constituidos pueblo santo y real sacerdocio necesitamos ser vestidos del nuevo hombre en santidad de la verdad.

Y renovaos en el espíritu de vuestra mente, y vestíos del nuevo hombre, creado según Dios en la justicia y santidad de la verdad. Efesios 4:23-24

B) CRISTO SEGÚN EL ORDEN DE MELQUISEDEC

Cristo fue escogido antes de la fundación de los tiempos para ser Rey, Sacerdote y Profeta, y aun más que eso, **ser el Cordero de Dios prometido, el Redentor de la raza humana.** Esto nos muestra que el ministerio sacerdotal comenzó antes de Aarón.

Su sacerdocio se hizo para poseer por la eternidad un Nombre sobre todos los nombres y ser el amo de todo lo creado, tanto en lo visible como en lo invisible, en el mundo natural, físico y espiritual.

B.1) Melquisedec bendice a Abram

Melquisedec se reconoce en las escrituras como el Rey que bendijo a Abram cuando venía de derrotar al rey Quedorlaomer junto con sus tres reyes aliados que habían hecho prisionero al sobrino de Abram llamado Lot, y todos sus bienes.

En ese lugar se le aparece y lo bendice este misterioso Rey de Salem, Rey de la ciudad de Paz. Salem la original Jerusalén.

De este «Salem» deriva la palabra «Jerusalén» que significa: «Fundación de la paz». Este nombre es una maravillosa indicación profética hacia el futuro de Jerusalén, cuando esté bajo el dominio del Rey de reyes ya que **desde esta ciudad, un día, a pesar de todas las guerras y disputas será fundada la paz tanto para los hebreos como para el mundo entero.**

Porque este Melquisedec, rey de Salem, sacerdote del Dios Altísimo, …cuyo nombre significa primeramente Rey de justicia, y también Rey de Salem, esto es, Rey de paz; sin padre, sin madre, sin genealogía; que ni tiene principio de días, ni fin de vida, sino hecho semejante al Hijo de Dios, permanece sacerdote para siempre. Hebreos 7:1-2

Fue declarado por Dios sumo sacerdote según el orden de Melquisedec. Hebreos 5:10

Melquisedec era sacerdote del Dios *«Altísimo»* *«El Elyon el más alto»* como decir el «supremo», «el que sirve a la potencia mas alta».

📖

Entonces Melquisedec, rey de Salem y sacerdote del Dios Altísimo, sacó pan y vino; y le bendijo, diciendo: Bendito sea Abram del Dios Altísimo, creador de los cielos y de la tierra; y bendito sea el Dios Altísimo, que entregó tus enemigos en tu mano.
Génesis 14:18-20

Melquisedec mismo es una alusión al gran príncipe de Paz, Jesucristo.

Melquisedec era rey y sacerdote al mismo tiempo y eso nos es una alusión profética al cargo de sumo sacerdote de Jerusalén sobre el mundo entero. Su obra del pasado y del futuro es y sigue estando íntimamente ligada con Jerusalén y el Dios Eterno (EL OLAM). **Sin genealogía y sin saber el principio ni el fin de sus días, es reconocido espiritualmente como el futuro Rey Sempiterno y Príncipe de Paz Jesucristo.**
El sacerdocio de Aarón fue posterior y este no era rey, y pertenecía a la tribu de Leví.
Jesucristo sería Rey y Sumo Sacerdote de la tribu de Judá de la estirpe del rey David.
Por eso su ministerio sacerdotal sería según el orden de Melquisedec en dos aspectos:

• **Sacerdote y rey de Jerusalén, ciudad de paz,** también:
• **Sin límite de tiempo, eterno y para siempre.**
• **Más perfecto que la orden de Aarón.**
• **Fiador de un mejor pacto.**
• **Tenie un sacerdocio inmutable.**
• **Sin pecado.**

Melquisedec se presentó delante de Abram que venía hambriento y sediento y le dio **pan** y **vino.** Así pudo bendecir Abram y refrescarlo, honrándole por su victoria. Lo que hizo Melquisedec, siendo rey, nos enseña a ser benignos como nuestro Señor, a dar de lo que tenemos y a practicar la hospitalidad según nuestras posibilidades.

Abram venía cansado de la batalla. ¡Cuántas veces estamos cansados de nuestros conflictos espirituales y Cristo viene y nos fortalece! Eso lo podemos ver en esta ilustración. (También nos recuerda al profeta Elías, cuando el ángel le trae una torta para fortalecerlo debido al cuidado amoroso de Dios).
Melquisedec como sacerdote del Altísimo hace dos cosas:

• **Bendice a Abram**
• **Bendice al Dios Altísimo de Abram**

Melquisedec, como sacerdote tiene un ministerio con Dios y con el hombre. Con el pan y el vino bendice a Abram. Incluso, a manera de profecía, con su acción mira al futuro. Por lo tanto, esto es más que un simple refrigerio, pues el pan y el vino representa el cuerpo y la sangre de Cristo: «nuestro sacrificio», «nuestra pascua» y «el cordero».

Muchos comentaristas de las Escrituras han pensado que este es uno de los aspectos de la representación del hijo de Dios mismo, nuestro Señor Jesucristo, dándose a conocer en ese tiempo a Abram, a través de la vida de Melquisedec, con el nombre El Elyon.

• Esto nos recuerda la revelación del ángel Gabriel a la virgen María: *Este será grande, y será llamado Hijo del Altísimo; y el Señor Dios le dará el trono de David su padre.* Lucas 1:32

Aunque Melquisedec se ve como una figura misteriosa, fue una persona muy importante del Antiguo Testamento. El Salmo 110:4: Juró Jehová y no se arrepentirá: tú eres sacerdote para siempre según el orden de Melquisedec.

Hebreos 7:21-22

Hebreos describe maravillosamente el significado del «juramento eterno» hecho por el Padre: *Tú eres sacerdote para siempre.* **En el pasado habló del** presente y del futuro.
Porque Dios no tiene límite de tiempo. Él vive en el tiempo *(Kairos).* **Jesucristo fue, es y será el eterno sacerdote, como fue, es y será el Salvador del mundo.** Él trajo un pacto mejor que el establecido en el Sinaí. **Su justicia fue, es y será mayor para siempre porque él mismo se presentó como ofrenda aceptable delante de Dios.** Él dio su vida como cordero inmolado, por eso fue el Nuevo Pacto de gracia y amor.

A quien asimismo dio Abraham los diezmos de todo.
Hebreos 7:1-2

Respondiendo el ángel, le dijo: El Espíritu Santo vendrá sobre ti, y el poder del Altísimo te cubrirá con su sombra; por lo cual también el Santo Ser que nacerá, será llamado Hijo de Dios.
Lucas 1:35

Juró Jehová, y no se arrepentirá: Tú eres sacerdote para siempre según el orden de Melquisedec.
El Señor está a tu diestra; quebrantará a los reyes en el día de su ira.

La décima parte de nuestro sustento es la proporción que Dios fijó a fin de honrarle en el servicio de su santuario.

En reconocimiento y gratitud, Abraham le da el diezmo de todo a Melquisedec. Hebreos 7:4

Esto se puede ver más que una gratitud presentada al que lo bendijo. Es un reconocimiento de superioridad.

Los orientales tenían la costumbre de mostrarse amables con quienes eran amables con ellos. La gratitud es una de las leyes de Dios. En su gratitud hay reconocimiento,.

Debemos expresar nuestro agradecimiento a los hombres que son llamados por el Dios Altísimo a servir a los demás.

Pero aquel cuya genealogía no es contada de entre ellos, tomó de Abraham los diezmos, y bendijo al que tenía las promesas. Y sin discusión alguna, el menor es bendecido por el mayor. Hebreos 7:6-7

B.2) ¿A quién pertenece la ciudad de Jerusalén?

¿Dónde se encontrará el trono de su gloria?

Encontramos la respuesta en Jeremías 3:17

*En aquel tiempo **llamarán a Jerusalén: Trono de Jehová**, y todas las naciones vendrán a ella en el nombre de Jehová en Jerusalén; ni andarán más tras la dureza de su malvado corazón.*

Jesús habló acerca de la capital de Israel diciendo: «Jerusalén … la ciudad del gran Rey.» Mateo 5:35

En el Salmo 110:2 leemos: *Jehová enviará desde Sión la vara de tu poder; domina en medio de tus enemigos.*

Pronto esta profecía se cumplirá y desde la ciudad del Rey será glorificado su nombre. Él es según Apocalipsis 12:5: **el «que regresá con vara de hierro a todas las naciones» aunque también en justicia y paz.** Él mismo lo profetizó desde Jerusalén: Porque os digo que desde ahora **no me veréis**, hasta que digáis: *Bendito el que viene en el nombre del Señor.* Mateo 23:39

Y continúa diciendo: *Juró Jehová, y no se arrepentirá: Tú eres sacerdote para siempre según el orden de Melquisedec.* En ese día quebrantará a los reyes y juzgará a las naciones aunque el diablo como «dios de este siglo» haya enceguecido los ojos de los habitantes de este mundo tratando de engañar acerca de Jerusalén, pero a pesar de todo, el Señor Jesús regresará sobre el monte de los Olivos (Zacarías 14:4) **para gobernar el mundo entero desde Jerusalén.** Satanás fue vencido allá en la cruz y allá fue sellado su destino futuro.

Nota: **Jesucristo, nuestro gran Melquisedec, debe ser homenajeado y reconocido humildemente por cada uno de nosotros, como Rey-Profeta de Salem y Sacerdote del Dios Eterno.**

C) LOS LEVITAS

Números 3:3-37

Moisés estaba en el monte Sinaí recibiendo los mandamientos para el pueblo de Israel y las instrucciones para construir el tabernáculo. Él estaba bajo la presencia de Dios ajeno a los problemas que Aarón su hermano enfrentaba en el valle. Pronto tuvieron que enfrentarse a la gran decisión: Servir y adorar a YHVH o servir y adorar a los ídolos.

Como resultado de su decisión de ponerse del lado del Señor, la tribu de Leví fue seleccionada para tomar el cuidado del servicio santo en el tabernáculo del testimonio (Éxodo 32:25-28). Por su buena decisión fueron posteriormente separados por Dios para que le sirvieran.

La palabra hebrea *servicio* también significa servir a Dios en la guerra. Por lo tanto su servicio en el tabernáculo era una figura de la guerra espiritual; como en el incidente del becerro de oro (Éxodo 32).

A los levitas se le dio el privilegio de habitar con sus tiendas alrededor del tabernáculo en primer lugar.

Porque he aquí, yo he tomado a vuestros hermanos los levitas de entre los hijos de Israel, dados a vosotros en don de Jehová, para que sirvan en el ministerio del tabernáculo de reunión.
Números 18: 6

Los levitas por orden del Señor iban servir en la casa del Señor, tanto en el tabernáculo como posteriormente en el templo. También serían los encargados de desmontar y montar el tabernáculo y transportarlo a los diferentes lugares de su peregrinación por el desierto. La señal sería cuando la nube que estaba sobre el tabernáculo se moviera, entonces los hijos de Israel debían moverse y levantar el campo para seguir el viaje a través del desierto. Por el día sería la nube y por la noche sería la columna de fuego.

El trabajo del levita fue repartido según sus familias: Leví tuvo tres hijos: **Gerson, Coat y Merari**.

• La familia de **Gerson** era responsable de llevar y de montar las cortinas de la parte externa, las cubiertas del tabernáculo. La puerta al santuario, la puerta de entrada, fijándolas con todas las cuerdas, para asegurar estas cortinas. Números 3:25-26

• La familia de **Merari** era responsable de la custodia de las columnas, sus basas, sus estacas y sus cuerdas, llevar y montar, con todo su servicio. Números 3:36-37

• La familia de **Coat** era responsable de llevar y colocar el arca, la mesa, el candelero, el altar de oro del incienso, los altares, los utensilios y el velo con todo su servicio. Números 3:31

Nota: **Dios es el que escoge y capacita.**
Esto nos revela el orden y función de cada miembro en el cuerpo de Cristo. Cada cristiano tiene que saber cuál es su don y función para la edificación de la Iglesia. No podemos hacer lo que no se nos encomendó. Pero sí debemos hacer lo que Dios nos ha encomendado. Si cada uno ejerce su trabajo con responsabilidad y empeño, sin envidias ni

📖
En pos de Jehová vuestro Dios andaréis; a él temeréis, guardaréis sus mandamientos y escucharéis su voz, a él serviréis, y a él seguiréis.

contiendas lograremos llegar a la estatura de la plenitud de un varón perfecto. Conozcamos nuestros dones en Cristo y si somos fieles sirviendo a Dios con todo nuestro corazón el Señor nos dará parte dentro su ministerio glorioso.

UNIDAD 8
EL MINISTERIO SACERDOTAL

A.) La vestimenta del sumo sacerdote
El primer sumo sacerdote escogido para comenzar la orden de sacerdocio y servicio en el tabernáculo fue _____. Su _____ siguió el servicio santo y escogido para Dios. La tribu de _____ fue seleccionada para el servicio tanto en el orden de los _____ como de los _____.

Su más importante servicio era una vez al año cuando entraba al Lugar Santísimo en el día de la _____.
Se necesitaban dos cabras. Escribir lo que se hacía con cada una de ellas.
1) _____
2) _____
Para hacer esto el sumo sacerdote debía ser una persona:
1) _____
2) _____

****

Y santificaré el tabernáculo de reunión y el altar; santificaré asimismo a Aarón y a sus hijos, para que sean mis sacerdotes. Éxodo 29:44

****

A.1/A.2) La túnica labrada y los calzoncillos de lino
Por debajo de la vestimenta sagrada tenían una _____ de _____, esta cubría el cuerpo del sacerdote. Tanto la primera túnica como los calzoncillos eran hechos de _____.
Es tipo de la_____ de Cristo y de la _____ con la cual como sacerdotes están vestidos los _____ de _____.

A.3) El traje azul del sacerdote
El traje fue hecho completo de _____. El sacerdote lo llevaba por encima de la _____.
El color azul habla del _____ de Jesús.

****

*Este mismo equilibrio de frutos y campanillas se compara con las palabras de Jesús y su hechos. Entonces él les dijo: ¿Qué cosas? Y ellos le dijeron: De Jesús nazareno, que fue varón profeta, **poderoso en** _____ y en _____ delante de Dios y de todo el pueblo. Lucas 24:19*

****

Vemos en los creyente el _____ del _____ y los
_____. Los dones tienen que estar acompañados
del_____del _____ de _____.

****

Y considerémonos unos a otros para estimularnos al amor y a las buenas _____. Hebreos 10:24

****

Las granadas al dar fruto dan _____, el Señor nos exhorta a
llevar cien porciento de fruto, esto es _____ en nuestro servicio.

A.4) El efod
La vestidura más sagrada era el _____ llamado efod. Era
puesto por _____ de su vestimenta de lino blanco.
Era una vestidura _____ y sin _____
confeccionada de lino torcido y de cuatro colores:
1) _____ 2) _____ 3) _____ 4) _____
El oro de la cuerda implica de Cristo su _____ caminando
entre los hombres.
Cuando el _____ y se sienta a la derecha del Padre se
hace _____ para siempre,
rogando por sus _____ redimidos.

****

*Cristo es el que murió; más aun, el que también resucitó, el que además está
a la diestra de Dios, el que también* _____ *por nosotros.*
Romanos 8:34

****

A.5) El cinto
Para ceñir el efod al cuerpo tenía un cinto hecho del mismo material.
Solo   era   utilizado   por   el   _____
_____.
Solo   _____   fue   hecho   por   Pacto   eterno
_____ _____.

****

Y nos hizo reyes y sacerdotes para Dios su Padre, Aunque la Iglesia es
revestida con vestidos de realeza solo Cristo fue y es el único
«S_____ S_____» es decir el mas alto.

****

A.6) El pectoral, el urim y tumin
Estaba formado por _____ hileras de piedras.
El pectoral estaba hecho del mismo material que el _____,
y doblado en forma de _____ , en el cual estaba el
_____ y el _____.
urim significa «_____» y tumin significa «_____
_____» . Eran probablemente dos _____ que
llevaban estos nombres. Dios podía comunicarse directamente, pero
no _____, al sumo sacerdote y contestar la pregunta.
No se usaría en casos _____ solo los concernientes al
pueblo de Israel en _____.
Colocadas encima del mismo, el _____ tenía un conjunto
de _____ piedras preciosas, grabadas encima de ellas el nombre de las doce tribus de Israel, llevadas sobre el pecho (corazón) del
sacerdote.

**Esto muestra que el buen pastor sabe el _____ de
cada una de sus ovejas y la _____ por su _____.
Juan 10:3
En Apocalipsis nos dice que Él dará una _____ con
un nuevo _____.
Cada nacido de nuevo es una _____ edificando el
edificio de Dios. 1 Pedro 2:5**

A.7) La mitra y la diadema santa
Éxodo 28:36-39
El turbante o la mitra estaba hecha de _____
_____. Generalmente, el lino blanco significa _____ y
_____.
Aquí el énfasis está en nuestra _____. La mitra cubría la
_____, algo así como el procesos de nuestros _____.
Por encima de la mitra, sobre la _____ del sumo sacer-
dote había una placa de _____ grabada con
las palabras «_____» a «_____».

****
Porque tal sumo sacerdote nos convenía: s_____,
l_____, sin m_____, apartado de
los pecadores, y hecho más sublime que los cielos; Hebreos 7: 26
****

**Este sello del Dios vivo está legítimamente marcado en la _____
_____ de nuestro Señor Jesucristo, nuestro gran
sumo sacerdote.**

De la misma manera nosotros que hemos sido constituidos pueblo santo y real sacerdocio necesitamos ser _____ del nuevo hombre en _____ de la _____.

B) Cristo según el orden de Melquisedec
El ministerio sacerdotal comienza antes de la _____.
Cristo fue escogido antes de la fundación de los _____
para ser:
- _____
- _____
- _____
- y aun más que eso, ser el _____ de Dios prometido, el _____ de la raza humana.

B.1) Melquisedec bendice a Abram
Por eso su ministerio sacerdotal seria según la orden de Melquisedec en dos aspectos:
- _____ y _____ de _____, ciudad de paz.
- **Sin límite de** _____, _____ y _____.
Hebreos 5:10
- **Más perfecto que la orden de** _____.
- **Fiador de un mejor** _____.
- **Teniendo un sacerdocio** _____.
- **Sin** _____.

C) Los levitas
Números 3:3-37
Leví era la tribu a la cual _____ y _____ pertenecieron.
Esta se mostró definitivamente de _____ del Señor en la gran decision. Éxodo 32:25-28
Por eso la tribu de Leví (los levitas) fue _____ para tomar el cuidado del servicio santo en el _____ del testimonio. Números 4:3

La palabra hebrea *servicio* también significa _____ a Dios en la _____. Por lo tanto su servicio en el tabernáculo era una figura de la _____.
Los levitas eran los encargados de _____ y _____ el tabernáculo y _____ a los diferentes lugares de su peregrinación por el desierto.
Leví tenía tres hijos:
a)_____ b)_____ c)_____.

LAS OFRENDAS
Y LAS 7 FIESTAS

Unas de las funciones más importantes del servicio del tabernáculo de reunión era el ofrecer a Dios ofrendas y sacrificios en gratitud y adoración, conforme él lo había estipulado. **Estas ofrendas eran los medios de adoración, así como el sacrificio para el perdón personal y restauración de la comunión rota con Dios** por causa del pecado cometido. Muchas de las ofrendas fueron asociadas con el altar de sacrificio.

Estas debían ofrecerse desde la mañana hasta la tarde. Los sacerdotes sacrificaban varias ofrendas, incluyendo las de sus propios pecados, así como para los pecados de la gente, del pueblo de Israel (los pecados reconocidos y desconocidos). Algunas de las ofrendas eran regulares y frecuentes; otras eran voluntarias.

Estaban también los sacrificios en días especiales (las siete fiestas anuales). Pero una sola al año era la que el sumo sacerdote hacía en el día de la expiación **Yom Kippur,** el día décimo del séptimo mes del año.

Calificaremos las ofrendas en tres grupos:

• **Consagración**

A.1) Ofrenda encendida

A.2) Ofrenda de cereales

• **Comunión**

B.1) Ofrenda de paz

• **Expiación**

C.1) Ofrenda por el pecado

C.2) Ofrenda por la culpa

C.3) Ofrenda de expiación

Cristo se hizo nuestra ofrenda perfecta.

Esto es lo que ofrecerás sobre el altar: dos corderos de un año cada día, continuamente. Ofrecerás uno de los corderos por la mañana, y el otro cordero ofrecerás a la caída de la tarde.
Éxodo 28: 23-39

CRISTO:
Ofrenda de entrega.
Ofrenda por el pecado del mundo.
Ofrenda de Amor.
Ofrenda para reconciliación.
Ofrenda sin defecto.
Ofrenda de olor grato a Dios
Ofrenda de primicia de Resurrección.

En esa voluntad somos santificados mediante la ofrenda del cuerpo de Jesucristo hecha una vez para siempre.
Hebreos 10:10

Hay dos voluntades, la de Dios y la del hombre.
1. Tenemos que dejar que la voluntad de Dios entre en nuestro corazón para hacerla.
Cristo se entregó voluntariamente porque conocía la voluntad de Dios y quiso hacerla.

A) OFRENDAS DE CONSAGRACIÓN

A.1) Ofrenda encendida u holocausto

Cristo fue el Cordero de Dios, voluntario y sin mancha. Juan 1:29,36. Hebreos 10:10

Cuando una persona pecaba tenía que presentarse ante el sacerdote con una ofrenda. Especialmente tenía que traer al sacerdote un animal **sin defecto**. Este podría ser:
• Carnero
• Ave

El pecador ponía las manos sobre la ofrenda, simbolizando que transfería su pecado al animal. Se llamaba «ofrenda encendida» porque se quemaba y subía el humo como un olor grato a Dios.

• Esta ofrenda representaba a Cristo, por eso debía ser voluntaria, pues Cristo se presentó como ofrenda al Padre voluntariamente.

A.2) Ofrenda de cereales. Ofrendas de oblación o flor de harina.

Cristo el hombre perfecto. Levítico 2:1-16

Tanto la ofrenda de holocausto como la ofrenda de flor de harina eran sacrificios de **consagración** por eso tenían ciertas condiciones de santidad porque a quien se le dedicaba era y es santo.
En esta ofrenda de «granos» o «cereales» no había derramamiento de sangre y por ello no había expiación. En cada ofrenda de sacrificio se añadía una oblación.

• **El holocausto era tipo de Cristo en su devoción hasta la misma muerte para derramar su sangre por el pecador. La oblación de ofrenda de granos o cereal lo representa en su vida pura y santa. El mismo Jesús dijo que él era el pan de vida.**

- Esta ofrenda tenía como propósito para el hombre que la ofrecía honrar a Dios a través de la adoración, reconociendo que a Dios le pertenece todo lo que produce la tierra. Todo lo que el hombre posee es por gracia de Dios, porque él es el gran proveedor.

*Cuando alguna persona ofreciere oblación a Jehová, su ofrenda será flor de harina, sobre la cual echará aceite y pondrá sobre ella incienso, y la traerá a los sacerdotes, hijos de Aarón; y de ello tomará el sacerdote su puño lleno de la flor de harina y del aceite, con todo el incienso, y lo **hará arder sobre el altar para memorial; ofrenda encendida es, de olor grato a Jehová.***

Estos eran los ingredientes:

1. Granos: Cristo fue el grano de trigo que cayó en la tierra y murió para darnos vida.

2. Flor de harina: Cristo fue la primicia en la resurrección.

3. Pan cocido (sin levadura): Toda su vida fue sin pecado sin contaminación.

4. Sal: Él es la simiente del rey David, su reino es perpetuo y para siempre.

5. Incienso: Sufrió y se entregó como ofrenda de adoración al Padre en obediencia.

Los elementos prohibidos para el uso eran:

a) La levadura. Es un hongo que produce fermentación a la masa de harina. Por considerarse una inmundicia (pecado) se excluía de las ofrendas. A Dios le tenemos que dar lo mejor sin contaminación.

b) Miel. Producto que fermentaba.

El pan cocido debería ser rociado con aceite deoliva. Esto es símbolo de la vida de Cristo sin mancha ni pecado que vivió bajo la unción del Espíritu Santo.

Toda ofrenda debía ir acompañada **de sal** porque esta preserva de la corrupción. Se utilizaba antiguamente como el elemento simbólico para establecer un pacto destinado a perdurar. Un pacto perpetuo y solemne era denominado «pacto de sal». Dios estableció que estas ofrendas sería perpetua y todas serían hechas bajo esta condición.

*Y sazonarás **con sal toda ofrenda** que presentes, y no **harás que falte jamás de tu ofrenda la sal del pacto de tu Dios**; en toda ofrenda tuya ofrecerás sal.* Levítico 2:13

Este pacto de sal establece «perpetuidad». ***Cristo se presentó una vez y para siempre.*** Aquí vemos la perpetuidad que se cumplió en cada ofrenda establecida en Cristo. **Él fue olor grato a Dios en su sacrificio y entrega voluntaria.**

La palabra nos exhorta también a nosotros a ser ofrenda de olor grato a Dios como Cristo lo fue. *Y andad en amor, como también Cristo nos amó, y se entregó a sí mismo por nosotros, **ofrenda y sacrificio a Dios en olor fragante**.* Efesios 5:2. *Porque para Dios somos **grato olor de Cristo**... olor de vida para vida.* 2 Corintios 2:15

****

Todo aquel que vive una vida consagrada a Dios se convierte en una ofrenda agradable delante de Dios con olor fragante que sube delante de su presencia.

****

B) COMUNIÓN

B.1) Ofrendas de paz. Cristo nuestra paz.

Esta ofrenda también se llamada la ofrenda de olor suave. Era una provisión o alimento para los sacerdotes.

• En esta ofrenda se representa a Cristo el Príncipe de la Paz. Él hizo la paz a través de la muerte en la cruz.

---

*Todas las ofrendas elevadas de las cosas santas, que los hijos de Israel ofrecieren a Jehová, las he dado para ti, y para tus hijos y para tus hijas contigo, **por estatuto perpetuo; pacto de sal perpetuo es delante de Jehová para ti y para tu descendencia contigo.***
Números 18:19

• *La espaldilla* (fuerza)

• *El pecho* (los afectos)

Y por medio de él reconciliar consigo todas las cosas, así las que están en la tierra como las que están en los cielos, haciendo la paz mediante la sangre de su cruz.
Colosenses 1:10

En Cristo y Dios Padre, el pecador se encuentran en paz. Los detalles de esta ofrenda nos hablan de comunión. La relación íntima con Dios solo se encuentra a través del camino que nos abrió Cristo, al Padre.

Nos hizo sacerdotes para Dios el Padre para que disfrutemos de la comunión con el Hijo y con el Padre. Esta ofrenda de Paz se realizaba de forma especial en «acción de gracias».

C) OFRENDAS DE EXPIACIÓN

C.1) Ofrenda por el pecado

Levítico 4:1-35; 6:24-30

Cristo es la obra encarnada que quita la culpa del pecado.

Esta ofrenda por el pecado era para quienes lo cometían sin darse cuenta de ello o por debilidad, no por voluntad propia. Es de notar que cada persona que desobedeciera los mandamientos o ley de Dios tenía que pedir perdón por sus propios pecados. Dios quería darle consciencia del pecado y la transgresión de la ley a su pueblo.

Para cada pecado era diferente la ofrenda.

• Para el individuo pecador (versículo 2).
• Para los pecados del sacerdote (versículo 3).
• Si toda la congregación pecare (versículo 13).
• Si un jefe de tribu pecare (versículo 22).
• Pecado individual siendo consciente que es pecado (versículo 27).

Muchas de las veces que el creyente peca no le da importancia a la confesión. Cada pecado abre

Y esta es la ley del sacrificio de paz que se ofrecerá a Jehová: Si se ofreciere en acción de gracias, ofrecerá por sacrificio de acción de gracias tortas sin levadura amasadas con aceite, y hojaldres sin levadura untadas con aceite, y flor de harina frita en tortas amasadas con aceite.
Levítico 7:11-12

La Palabra de Dios nos dice «que si confesamos nuestros pecados, él es fiel y justo para perdonar nuestros pecados y limpiarnos de toda maldad».

puertas a la maldición, y estas hay que cerrarlas con el reconocer y confesar a Dios la transgresión para que haya perdón por la sangre del Cordero de Dios. Se debe ser muy cuidadoso en esto.

C.2) Ofrenda por la culpa

Asimismo esta es la ley del sacrificio por la culpa; es cosa muy santa. En el lugar donde degüellan el holocausto, degollarán la víctima por la culpa; y rociará su sangre alrededor sobre el altar. Levítico 7:1

Aunque el veredicto sobre cada individuo es «culpable», el que tiene por abogado a Cristo sale invicto.

Y si alguno hubiere pecado, abogado tenemos para con el Padre, a Jesucristo el justo. Y él es la propiciación por nuestros pecados; y no solamente por los nuestros, sino también por los de todo el mundo. 1 de Juan 2:1

C.3) Ofrenda expiatoria

Levítico 5: 1-19

Cristo, en la obra de expiar los efectos dañinos del pecado

La ofrenda expiatoria estaba para los pecados conscientes específicos, donde la persona sabía lo que había hecho, debido a su conciencia, en lo referente a su experiencia contra lo que sabía que era agradable a Dios.

• Persona que vio el acto pecaminoso y lo oculta. Levítico 5:1
• Persona que tocare un cadáver (versículo 2).
• Jurar en vano (versículo 4).
• Cometer falta o equivocación en las cosas santas de Dios (versículo 14).
• Persona que peca sin saberlo, es culpable (versículo 17).

Porque también Cristo padeció una sola vez por los

pecados, el justo por los injustos, para llevarnos a Dios, siendo a la verdad muerto en la carne, pero vivificado en espíritu. 1 Pedro 3:18

D) LAS FIESTAS JUDÍAS ACTUALES

Esta son las fiestas actuales guardadas por los judíos religiosos, en los días de hoy.

PURIM - **(Fiesta de la Suerte)** Libro de Ester Marzo 9, 2001

• Conmemora la historia de Ester cuando el Rey Asuero advirtió el plan de Amán de aniquilar a toda la población Judía de Persia. Purim es una celebración de acción de gracias por el coraje de los hechos de Ester y la fidelidad de Dios .

• **PESAJ** - **(Pascua)** Éxodo 12. Abril 8, 2001

• Recuerda el Éxodo de Egipto. Un gran tiempo para realizar la Demostración de la Pascua Judía.

• **SUCOT** - **(Fiesta de las Semanas/Pentecostés)** Levítico 23:9-22 Mayo 28, 2001

• Conocida también como la Fiesta de los Primeros Frutos, celebra el tiempo de la entrega de la Ley a Moisés en el Monte Sinaí. A partir de Hechos 2:1-41 esta fiesta es una celebración del nacimiento de la Iglesia.

ROSH HASHANA - **(Fiesta de las Trompetas)** Levítico. 23:23-25. Septiembre 18, 2001

Celebra el comienzo del Año Judío Civil. Es tanto un tiempo de gozo, como una ocasión sagrada (ver Nehemías 8:2,9-12).

YOM KIPUR - **(Día del Perdón)** Levítico. 23:26-32 . Septiembre 27, 2001

• Es el día más santo del año Judío. Un tiempo para considerar a Jesús como nuestro perdón.

SUCOT - (Fiesta de los Tabernáculos) Levítico. 23:33-34. Octubre 2, 2001

Y esas cosas le acontecieron como ejemplo, y están escritas para amonestarnos a nosotros, a quienes han alcanzado los fines de los siglos.
1 Corintios 10:11

• Sucot nos recuerda los 40 años de andar errando en el desierto viviendo en tiendas de campañas y adorando en un tabernáculo transportable. Sucot también es conocido como la Fiesta de Recolección; una fiesta maravillosa de cosecha.

E) JESÚS EN LAS SIETE FIESTAS

Estas fiestas ordenadas por Dios a Moisés, han sido diagramadas con un propósito divino. Ellas serían de gran revelación de acontecimientos por venir, con un significado histórico (del pasado) y profético (del futuro).

Cuando Dios le habló a Moisés le dijo: «*Habla a los Hijos de Israel y diles: Las fiestas solemnes de Jehová, las cuales proclamaréis como santas convocaciones, serán estas:*» Levítico 23:2

Cuando vino al templo, los principales sacerdotes y los ancianos del pueblo se acercaron a él mientras enseñaba, y le dijeron: ¿Con qué autoridad haces estas cosas? ¿y quién te dio esta autoridad?
Mateo 21:23

«Fiestas solemnes» viene del original hebreo (*mo'ed*) que **significa «una cita, un tiempo señalado».** Al entender el significado hebreo de la palabra fiesta, podemos ver que Dios está *precisando «un tiempo determinado o un tiempo señalado»* en el cual él está haciendo una cita. Dios ha determinado el tiempo preciso en el futuro para cada acontecimiento profetizado porque el Todopoderoso no hace nada por casualidad.

Como vimos en el estudio, el tabernáculo fue figura y símbolo de las realidades consumadas por Cristo y escritas para nosotros los creyentes, con gran significado digno de analizar. 1 Corintios 10: 6 y 11

En cada una de estas fiestas principales se requería que los judíos viajaran al templo de Jerusalén. Especialmente en tres oportunidades durante el año. Éxodo 23:14-19
Hoy la religión Judía festeja algunas de ellas pero han perdido el reflejo esencial con el propósito del

que fueron ordenadas el cual es Cristo. Algunas ya han sido cumplidas por Cristo, otras son proféticas y están por llegar.

Veamos las más importantes.

**La Pascua
(PESAJ)** Éxodo 12.

Conmemoraba la liberación de la esclavitud en Egipto, donde se **sacrificó el cordero** pascual.

• Cristo es nuestro Cordero pascual.
*«Porque nuestra **pascua, que es Cristo,** ya fue sacrificada por nosotros»* 1 Corintios 5:7.

Por más de 1,500 años el pueblo de Israel celebró año tras año la Fiesta de la Pascua recordando la liberación de su pueblo bajo la opresión del Faraón, Rey de Egipto. Muchos fueron los que oyeron la voz del profeta Juan el Bautista, pero pocos entendieron su realidad. Él presentó a Jesús como: *«El Cordero de Dios que quita el pecado del mundo»;* además tenían los escritos del Antiguo Testamento, como Isaías 53:7-10, donde habla del Mesías y su sufrimiento *«como cordero al matadero»,* pero sus entendimientos fueron cerrados.
Porque el corazón de este pueblo se ha engrosado, y con los oídos oyen pesadamente, y han cerrado sus ojos; para que no vean con los ojos, y oigan con los oídos, Mateo 13:15.

En el A.T. antes de la fiesta el día décimo de nisán (primer mes del año) tomaban un cordero y lo sacrificaban en la tarde entre el 13 y 14, (finales de marzo y abril) mientras multitudes con palmas cantaban el Salmo 118:25-26: *«Bendito el que viene en nombre del Jehová».*
Jesús entró en Jerusalén ese mismo día, y fue recibido de la misma manera. Mateo 21

El cordero tenía que ser sin mancha. Jesús vivió sin pecado como el Cordero de Dios, y aunque sus enemigos, tanto los sacerdotes, como los

☜

La gran fiesta de la pascua

Fiesta de los panes sin levadura

Fiesta de las primicias

Fiesta de las semanas

Fiesta de las trompetas

Fiesta el día de expiación

La fiesta de los tabernáculos.

fariseos y los saduceos, le hacían preguntas para ver en qué podían condenarle (según la ley) y continuamente le acosaban buscándole defectos para poderlo condenar, aunque no **le encontraron ninguno**.

Entonces se fueron los fariseos y consultaron cómo sorprenderle en alguna palabra. Mateo 22:15
También es importante notar esto: durante tiempos bíblicos era común abreviar mensajes usando las iniciales de cada palabra, este fue el mensaje que se escribió y se puso en la cruz por encima de la cabeza de Jesús, en 3 idiomas Hebreo, Griego y Latín: «**Jesús Nazareno, Rey de los Judíos**», (**Inri**=latín), (Inbi= Griego), pero en hebreo las iniciales son *YHWH* (*El nombre de Jehová!*), por esto es que los sacerdotes pidieron a Pilatos, que cambiara Rey de los Judíos, por: «El dijo: soy el rey de los Judíos» y no se los dejó. Juan 19:21-22.

Los panes sin levadura (Hag HaMatzah)

El 15 de Nisán, al día siguiente de la Pascua comenzaba la fiesta de los panes sin levadura. Esta fiesta celebraba el viaje por el desierto cuando Dios les envió el pan de cielo o maná para alimentarlos.

(Levadura representa pecado, véase 1 Corintios 5:7-8) Jesús fue sin pecado y nació en Belén, que se traduce «casa del pan», y el dijo: «*Yo soy el **pan** de vida. Vuestros padres comieron el maná en el desierto y murieron ... Yo soy el pan vivo que descendió del cielo; si alguno comiere de este pan vivirá para siempre; y el pan que yo daré es mi <u>carne</u>, la cual yo daré por la vida del mundo*» Juan 6:48-51. Jesús fue **sepultado** este día, pero su cuerpo no vio corrupción. El maná tenía que ser consumido el mismo día, si alguien lo guardaba para otro día, el maná criaba gusanos (Éxodo 16:20), pero el maná guardado en el arca, el cual representaba a Jesús, no se dañó, fue guardado para las siguientes generaciones (versículo 33).

Las primicias
(Bikkurim) celebra el cruce del mar rojo.

Tres días después de ser sepultado Jesús, se celebraba la fiesta de las primicias o primer fruto. Cada familia traía un manojo de cebada al templo, los cuales representaban el primer fruto de sus cosechas y los sacerdotes lo mecían ofreciéndolo a Dios.

Jesús resucitó este día: «*Mas ahora Cristo ha resucitado de los muertos; primicias de los que durmieron es hecho*».

Porque por cuanto la muerte entró por un hombre, también por un hombre la resurrección de los muertos. 1 Corintios 15:20. Romanos 11:16. Y él es la cabeza del cuerpo que es la iglesia, él que es el principio, el primogénito de entre los muertos, para que en **todo** tenga la preeminencia. Colosenses 1:18

Pentecostés
(SHAVVOT) Fiesta de las semanas o de la siega.

Después de las fiesta de las primicias, se cuentan siete sábados que son cuarenta y nueve días, y al siguiente día, **domingo** se celebra la fiesta de las semanas o «Pentecostés» que significa cincuenta. Número de libertad, jubileo y pentecostés.

Esta fiesta celebra el **día que Dios bajó al monte Sinaí para establecer el pacto con su pueblo dándoles las leyes a Moisés.** Éxodo 19
En ese día Dios descendió sobre el monte Sinaí en *fuego* (versículo 18) y hubo truenos y relámpagos y sonido de bocina muy fuerte, gran *estruendo* (Éxodo 20:18).

En este día de la fiesta de «Pentecostés» se encontraban reunidos en oración alrededor de ciento veinte creyentes en el aposento alto (subieron allí como Moisés subió al monte) y de repente vino del cielo un estruendo como de un viento recio, nos dice: *un estruendo como de un viento recio que soplaba el cual llenó toda la casa donde estaban sentados y se les aparecieron lenguas repartidas, como de fuego, asentándose sobre cada uno de ellos.* Hechos 2:1-6

?

📖

• Dios establece un nuevo pacto con su pueblo a través de su Hijo Jesucristo y mediante el poder del Espíritu Santo (*Ruach HaKodesh*), los creyentes recibimos sus mandamientos (ley) en nuestros corazones y ese deseo glorioso de hacer su voluntad. Hebreos 10:15-16

• En esta fiesta también se celebra: el **inicio de la siega o cosecha** y se dedicaban los primeros frutos de la cosecha de trigo y estos que se convirtieron al cristianismo en este día eran los primeros frutos de una gran cosecha de almas.

****

Las cuatro anteriores fiestas se celebran en la primavera y fueron cumplidas literalmente en la primera venida de Cristo, luego entre primavera y otoño hay un espacio largo de tiempo, las tres que siguen se celebran en otoño, y serán cumplidas para la segunda venida de Nuestro Señor Jesucristo.

****

Fiesta de las trompetas:
(ROSH HASHNAH) Cabeza del año (septiembre - octubre)

Dios ordena al pueblo a celebrar un sublime día sabático o de **reposo**. El 1 y 2 del mes séptimo, (Levítico 23:23-25), esta fiesta no celebra ningún hecho histórico, pero es aclamado por los judíos como el día de la creación; por esto ellos oran y se preparan para que en esta fecha sean contados entre los justos; el saludo que utilizan para esta fiesta es: «*Que seas inscrito en el libro de la vida*».

Esta fiesta se le conoce con varios nombres:

• *yom teruah* = **día del despertar por el sonar de la trompeta** (shofar cuerno de carnero),
• *HaMelech* = la coronación del Mesías;
• *(yom ha-Zikkron)* día del juicio, según las enseñanzas judías se decreta el juicio para la humanidad. Es un festival de dos días, **(los dos días se consideran como un *yoma arikhta*, un solo día largo)** que se celebra en luna nueva, antiguamente se le conocía como «el día que ningún hombre sabe» *(yom hakeseh)*, (coincide con lo dicho por Jesús en Mateo 24:36).

• También se le conoce como el día de la **apertura de las puertas del cielo**, según Isaías 26:2 y Salmos 118:10-20. Y creen que se llevará a cabo la **resurrección** de los muertos (Talmud, Rosh Hashana 16b). En el Nuevo Testamento Pablo dijo: «*Porque el Señor mismo con voz de mando, con voz de arcángel, y con* **trompeta** *de Dios, descenderá del cielo; y los muertos en Cristo* **resucitarán** *primero.* **Luego nosotros los que vivimos, los que hayamos quedado, seremos arrebatados** *juntamente. con ellos en las nubes para recibir al Señor en el aire, y así estaremos siempre con el Señor*» 1 Tesalonisenses 4:16-17.

• **Esta es la próxima festividad** que la iglesia está a punto de experimentar, **el arrebatamiento**. Creemos que es el día que Jesús vendrá por los que están *inscritos en el libro de la vida*, los justos, llamados a entrar en su reposo (Hebreos 4:1-11). Este día se tocará **la última trompeta** (shofar). 1 Corintios 15:51

En las festividades judías hay tres principales trompetas o (shofarim):

a) La primera trompeta: En *Sahvuot* o Pentecostés

b) La última trompeta: En *Rosh Hashanah* o fiesta de las trompetas.

- **La gran trompeta**: En *Yom Kippur* o día de la expiación. Esta se le llama *shofar Hagadol* (Isaías 27:13 y Mateo 24:31).

La expiación:
(YOM KIPPUR)
Es día de aflicción y ayuno.
La última oportunidad para reconciliarse con Dios. Esto se hace el décimo del mes séptimo (*Tishrei*) del calendario judío, los días del tres al nueve (siete días) antes de culminar en el día de la expiación. Se les conoce como los días temibles o de asombro, *Yamim Nora'im*, y es una oportunidad de cambiar el juicio decretado si hay arrepentimiento genuino. (Corresponden a los **siete años de tribulación**).

El día décimo es de reconciliación. La persona indecisa tiene hasta *Yom Kippur* para arrepentirse. En otras palabras, la persona indecisa tendrá hasta el final de los siete años de tribulación para arrepentirse y volverse a Dios.
Las personas indecisas y los inicuos deberán pasar los «días temibles», la tribulación, hasta que llegue el día de *Yom Kippur*, el final de la tribulación, será allí que su destino será sellado por siempre.

Los judíos tienen la creencia que las puertas del cielo permanecen abiertas desde *Rosh Hashanah*, durante los días de arrepentimiento y que son cerradas en *Yom Kippur*, después del servicio *Neilah*, cuando se hace sonar la trompeta o el *shofar Hagadol*. Este día es el que habla Zacarías 14:4 donde Jesús afirmará sus pies sobre el monte de los Olivos y se reconcilia con su pueblo judío.

Fiesta de los tabernáculos:
(SUKKOT)

Es observado el 15 al 21 del mismo mes de Tisri (Tishrei), este festival nos enseña del **gozo** del reinado Mesiánico, conocido en hebreo como el *Athid Lavo*, para nosotros como el milenio. Se cree que Jesús nació en esta fiesta, entre las razones tenemos que el nació en un pesebre (*Sukkot*), el ángel les dijo a los pastores: «*No temáis; porque he aquí os doy nuevas de gran gozo, que será para todo el pueblo: que os ha nacido hoy, en la ciudad de David, un Salvador que es Cristo el Señor*» Lucas 2:10-11 y esta estación del año es llamado «la estación (o período) de nuestro **gozo**».

UNIDAD 9
LAS OFRENDAS Y LAS SIETE FIESTAS

La ofrendas de olor suave. Cristo nuestra ofrenda.

Unas de las funciones mas importantes del servicio del tabernáculo de reunión era el ofrecimiento diario a Dios de _____ y _____en gratitud y adoración, conforme Dios lo había estipulado.
Estas ofrendas eran los medios de _____ a Dios. así como el sacrificio para el _____personal y restauracion de la _____ rota con Dios, por causa del _____ _____ cometido.

Calificaremos las ofrendas en tres grupos:
- C_____
- C_____
- E_____

OFRENDAS DE CONSAGRACIÓN

a.1) Ofrenda encendida
Cristo se ofreció a sí mismo v_____ sin _____.

****

Esta ofrenda representaba a_____, por eso debía ser voluntaria, pues Cristo se presentó como _____al Padre a si mismo voluntariamente, una vez y para _____ .

****

OFRENDAS DE OBLACIÓN

El holocausto era tipo de C_____ en su devoción hasta la misma _____ para derramar su sangre por el, pecador.

Cristo mismo fue el_____ de _____.

✎ **¿Qué simboliza el pan cocido rociado con aceite de oliva?**

_____

_____

_____

COMUNIÓN
OFRENDAS DE _____. Cristo nuestra paz
Llamada la ofrenda de o_____ s_____. Cristo es
nuestra p_____. En esta ofrenda se representa a Cristo el
P_____ de la P_____ .

****

*Y por medio de él reconciliar consigo todas las cosas, así las que están en la
tierra como las que están en los cielos, haciendo la paz mediante la sangre de
su cruz.* C_____ 1:10

****

En Cristo, Dios Padre, y el pecador se encuentran en paz.
Los detalles de esta ofrenda nos habla de c_____,

Era una provisión o alimento para los sacerdotes.

• La e_____(fuerza)
• El p_____ (los afectos)

Nos hizo sacerdotes para Dios el Padre para que disfrutemos de la
c_____ con el Hijo y con el Padre. Esta ofrenda de paz se
hace de forma especial en «acción de gracias».

OFRENDAS DE EXPIACIÓN
A) OFRENDA POR EL PECADO. Cristo es la obra encarnada que
quita la culpa del pecado.
Esta ofrenda por el pecado era para quienes lo cometían sin
d_____ c_____ de ello o por d_____ no
por voluntad propia.
Dios quería darle c_____a su pueblo del pecado y la transgresión de su l_____ .

**Muchas de las veces que el creyente peca, no le da importancia a la
c_____. Cada pecado abre puertas a la m_____,
y estas hay que cerrarlas con el r_____ y
c_____ a Dios la transgresión para que haya
perdón por la sangre del Cordero de Dios.**

****

*Y si tenemos para con el Padre, a Jesucristo el justo. Y él es la p_____
_____ por nuestros pecados.*1 de Juan 2:1

****

OFRENDA EXPIATORIA
Cristo en la obra de expiar los efectos dañinos del pecado.

La ofrenda expiatoria estaba para los p_____
c_____ específicos, donde la persona s
_____lo que había hecho.

Analicemos nuestro corazón diariamente y confesemos nuestros pecados a él con toda sinceridad

✎

_____
_____
_____
_____

✎

¿Porque es importante la confesión?_____

E) JESÚS EN LAS SIETE FIESTAS
Estas fiestas, han sido diagramadas con un p_____
D_____. Ellas serían de gran revelación de acontecimientos por venir, con un :
• significado histórico (del_____)
• y profético (del _____).

Cuando Dios le habló a Moisés le dijo:

«*Habla a los Hijos de Israel y diles:* **Las** _____*solemnes* **de**
*J*_____*, las cuales proclamaréis como s*_____*,*
c _____*serán estas*»: *Levítico 23:2*

«**Fiestas solemnes**» viene del original hebreo (*mo'ed*) que **significa,**
«**un t**_____ **s**_____». Una c_____.

****

Dios ha determinado el tiempo preciso en el futuro para cada
a_____ profetizado porque El Todopoderoso no hace
n_____ por c_____.

****

En cada una de estas **fiestas principales** se requería que los judíos
viajaran al t_____ de j_____ .

Tres en forma especial. Éxodo 23:14
• **Fiesta de los**_____ _____ _____.
(Recordatorio: salida de Egipto)
Duración siete días.

• **Fiesta de la siega.** Traer los primeros frutos. _____ .

• **Fiesta de la cosecha.** Al recoger los frutos al comienzo del año.
_____ .
Las primeras_____ fiestas se cumplieron en C_____
_____durante la fecha exacta de la actual celebración Judía.
Las restantes en un f_____ .

La Pascua: (PESAJ) Éxodo 12
Conmemoraba la l_____ **de la esclavitud en E**_____,
donde se **sacrificó el** _____ pascual.
C_____ es nuestro cordero pascual .

****
*«Porque nuestra **pascua, que es Cristo**, ya fue sacrificada por nosotros».*
1 Corintios 5:7

****

Antes de la fiesta tomaban un cordero y lo sacrificaban en la tarde
entre el 1_____ y 1_____, (finales de Marzo y Abril).
Mientras multitudes con palmas cantaban el Salmos 118:25-26:
«_____»

****
Jesús entró en Jerusalén e_____ m_____
d_____, y fue recibido de la misma manera. Mateo 21

****

🖉 ¿Cómo festeja la iglesia esta fiesta?
_____
_____
_____
_____
_____
_____

Los panes sin levadura: (Hag HaMatzah)
¿Qué representa la levadura? El _____ .
¿Dónde nació Jesús? En _____ .
¿Qué significa esa palabra? _____ .
¿Cómo se presentó Jesús antes de morir? YO SOY _____
_____ .

✎
¿Por qué crees que es importante la Santa Cena?

_____
_____
_____
_____

Las primicias: (Bikkurim) conmemora el cruce del Mar Rojo y las primicias.
En esta fiesta ¿Qué traía cada familia al templo?_____
_____ .
¿Quién es primicia para Dios Padre? _____
y para ti ¿qué significa primicia? _____
_____ .

✎
¿Por qué tu diezmo y ofrenda debe ser traída sin demora?

_____
_____
_____

Pentecostés: (SUKKOT): Fiesta de las semanas o de la siega.
✎
¿Qué significa el número cincuenta? _____
_____ .

✎
¿Qué significa Pentecostés? El inicio de_____
_____
_____ .

****

Las c_____ anteriores fiestas se celebran en la primavera y fueron cumplidas literalmente en la primera venida de Cristo, luego entre primavera y otoño hay un e_____ l_____ de t_____, las tres que siguen serán cumplidas para la _____ v_____ de Nuestro Señor Jesucristo.

****

Fiesta de las trompetas: (Rosh HaShanah)
Cabeza del año (septiembre - octubre)
Esta fiesta se le conoce con varios nombres:
Yom teruah: **Día del d**_____ **por el sonar de la**
t_____. (shofar, cuerno de carnero).
HaMelech: la Coronación del M_____;
También se le conoce como el día de la **apertura de las puertas del**
cielo, según Isaias 26:2 y Salmos 118:10-20.
Y creen se llevará a cabo la **resurrección** de los muertos

****

En el Nuevo Testamento Pablo dijo: «*Porque el Señor mismo con voz de*
mando, con voz de arcángel, y con t_____ *de Dios, descenderá*
del cielo; y los muertos en Cristo». 1 Tesalonicenses 4:16-17

****

Esta es la próxima festividad que la iglesia está a punto de experimentar, el _____ , creemos es el día que Jesús
vendrá por los que están *inscritos en el libro de la vida.*

La expiación: (Yom Kippur)
Es día de a_____ y a_____.

Última oportunidad para reconciliarse con Dios, esto se hace los siete
días antes de culminar en el día de la expiación.
Se le conoce como los días temibles o de asombro, corresponden a los
siete _____ de _____.

Fiesta de los tabernáculos: (Sukkot)
Este festival enseña del g_____ del
R_____M_____, para nosotros el m_____
_____.

🖋 **Nota** _____
_____
_____
_____
_____
_____
_____

NUVA, LA HORMIGA

La historia de Nuva es solo una sugerencia de lo que puede ser el auténtico viaje de nuestra vida. Demasiadas veces Dios trabaja en nuestra vida y a través de ella para llevar a cabo su plan. Esta novela es una ilustración que nos muestra cómo Dios tiene esa predilección por los débiles, los insignificantes, los que nadie considera, capacitando siempre a los que escoge para glorificarse a través de ellos.

ISBN: 0-8297-3180-6

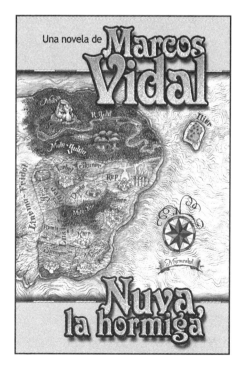

PODER VIVO

Experimenta los vastos recursos del Espítritu de Dios. Es hora que nos aferremos del Espíritu Santo o más bien que permitamos que él nos sujete.

Con ejemplos extraídos de la Biblia y de las calles de Nueva York, este libro muestra lo que sucede cuando el Espíritu de Dios se mueve entre nosotros.

¡NECESITAMOS AL ESPÍRITU SANTO!

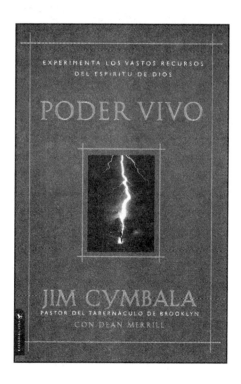

EL CASO DE LA FE

Escrito por el autor del éxito de librería *El Caso de Cristo*. La investigación de un periodista acerca de las objeciones más difíciles contra el cristianismo.

El Caso de la Fe es para quienes se sienten atraídos a Jesús, pero que se enfrentan a enormes barreras intelectuales que les impiden el paso a la fe. A los cristianos, este libro les permitirá profundizar sus convicciones y les renovará la seguridad al discutir el cristianismo aun con sus amigos más escépticos.

UNA IGLESIA CON PROPÓSITO

En este libro usted conocerá el secreto que impulsa a la iglesia bautista de más rápido crecimiento en la historia de los Estados Unidos. La iglesia Saddleback comenzó con una familia y ha llegado a tener una asistencia de más de diez mil personas cada domingo en apenas quince años. Al mismo tiempo, plantó veintiséis iglesias adicionales, todo esto sin llegar a poseer un edifício.

Un libro que todo creyente debe leer.

Lo que sucede cuando la fe verdadera encienda las vidas del pueblo de Dios
FE VIVA
FUEGO VIVO, VIENTO FRESCO

Vea cómo el poder de Dios ha transformado a toxicómanos y prostitutas, ha restaurado matrimonios, y todo a través del tipo de fe viva, radical, que se describe en estos libros. Estas obras son como fuentes de aguas cristalinas que limpian una cínica sociedad estancada.

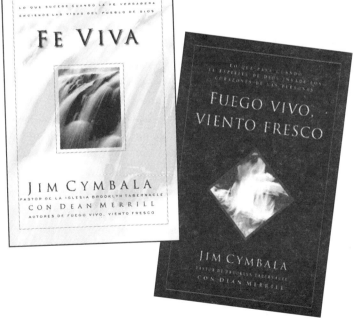

UN LIMPIABOTAS EN EL CIELO / DILES QUE LLOREN POR MÍ

Aarón Espinoza, pastor, músico y escritor, ha recibido tres premios literarios internacionales. Es autor de doce novelas, dos de las cuales están incluidas en este libro. Deléitese leyendo estos clásicos de la literatura cristiana: Un Limpiabotas en el Cielo y Diles Que Lloren Por Mí.

ISBN: 0-8297-3491-0

PABLO UNA NOVELA

El magistral narrador Walter Wangerin, hijo, nos presenta la vida y la época del hombre que llevó el cristianismo al mundo. He aquí a Pablo... la persona viva y compleja vista a través de los ojos de sus contemporáneos. Wangerin hace una descripción conmovedora y multifacética del vehemente carácter del mensaje evangélico que venció las barreras culturales para avivar una fe que iluminaría los siglos.

ISBN: 0-8297-3187-3

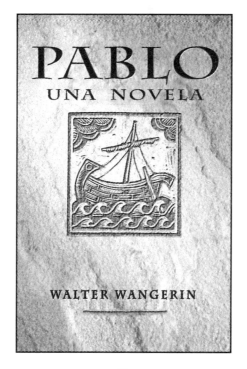

Nos agradaría recibir noticias suyas.
Por favor, envíe sus comentarios sobre este libro
a la dirección que aparece a continuación.
Muchas gracias.

ZONDERVAN

Editorial Vida
8325 NW. 53rd St., Suite #100
Miami, Florida 33166-4665

Vidapub.sales@zondervan.com
http://www.editorialvida.com